中学校数学サポートBOOKS

ICTを活用した
中学校数学の

「自己評価・相互評価」
活動アイデア

正負の数の
オリジナル問題を作成し，
お互いの問題を解き合おう

確率論の幕開けとは何か？
確率を用いて考察し，表現しよう

ランドルト環に含まれる
関数関係について
考察し，表現しよう

因数分解の公式を
わかりやすく説明しよう

三角形と四角形の
証明問題についてステップ解説で
リレー大会を行おう

円周角の定理について
学習した内容を
他クラスに教えにいこう

岩井 洋平・榊 隼弥

明治図書

日々の授業で取り
自己調整能力を育む**48**の学習課題と実践例

はじめに

　将来の予測が困難な複雑で変化の激しい社会や，グローバル化が進展する社会に，どのように向き合い，どのような資質・能力を育成していくべきでしょうか（※１）。平成29年告示の学習指導要領が令和３年から中学校でも全面実施となり，３つの資質・能力として「知識及び技能」，「思考力，判断力，表現力」，「学びに向かう力，人間性」をバランスよく育むことと整理されました。その中で新型コロナ感染症が広がり，全国一斉休校となり，人とのつながりの大切さを感じたとともに，自ら学びに向かう力の重要性を改めて認識したのを覚えています。

　学校が再開された後，休校期間中の学習成果が表れた生徒は少なく，また，休校期間中に自ら学習に前向きに取り組めた生徒と取り組めなかった生徒の学力差は明白でした。その原因として，今まで教師から指示された内容だけを一生懸命学んできた多くの生徒は，主体的に学び自ら学習を調整する力を身に付けていなかったことが挙げられます。

　今後，明確な答えのない問題に立ち向かっていく生徒にとって，自ら答えを見つけようと学び続ける力は必要不可欠です。

　そうした自己調整学習力を育むためには，「動機付け」，「学習方略」，「メタ認知」の３つの要素が必要であり，特に自分自身を高次から見つめ直し，自らの思考や認知を適切にコントロールする「メタ認知」が重要です（※２）。「自分は何を理解していて，何が課題なのか」，「どのようにすればよりよい学びができるか」を正確に捉え，学び方を明確にすることが大切であり，そのような自分自身を振り返り，自ら学習改善について考える時間を日々の授業の中で取り入れることが大切です。

　そこで，本書では「自己評価」と「相互評価」を取り入れた授業実践をまとめました。「自己評価」は，自分の学習活動を振り返り，自らを評価することで客観的に学習内容を整理することができます。また，生徒同士でお互

いに評価し合う「相互評価」では，他者を評価することで評価規準の理解を深めるとともに，他者の評価と自分の評価を見比べながら，学習改善に向けた振り返りを行うことができます。

　この自己評価と相互評価を行う上で，ICT活用は必要不可欠です。ICTを活用することで，評価する作品やパフォーマンスを場所，時間にとらわれずに共有することができ，評価したものを効率的に共有することができます。また，学習活動もICTを取り入れることで，もっている「知識・技能」を様々な形で表現することができ，表現することにより思考を整理し，より深い学びに結び付けることができます。

　さらに，こうした学習活動を行う上で，学習時間の確保，学習課題の設定，学習活動の雰囲気づくりは重要であり，その3つについての工夫を第1章にまとめ，第2章からは具体的な活動アイデアについてまとめました。また，学習評価で課題として挙がっている「主体的に学習に取り組む態度」についても活動アイデアの中でふれています。

　本書が日々，生徒のために懸命に授業を行っている先生方の参考になることと，これからの日本や世界を担う生徒たちが，自ら学ぶことの大切さを感じ考えることや，新しいものを創り出すことの楽しさを学び，多くのことに挑戦していくきっかけになることを祈っています。

岩井　洋平・榊　　隼弥

〈参考文献〉
※1　中央教育審議会（2015）「2．新しい学習指導要領等が目指す姿」
　　　https://www.mext.go.jp/b_menu/shingi/chukyo/chukyo3/siryo/attach/1364316.htm
※2　自己調整学習研究会編（2012）『自己調整学習―理論と実践の新たな展開へ―』北大路書房

はじめに

第1章
ICT を活用した「自己評価・相互評価」の工夫

第2章
ICT を活用した「自己評価・相互評価」活動アイデア

1年

2年

第1章

ICTを活用した「自己評価・相互評価」の工夫

1

学習時間の確保

▌反転学習の取組

　学校教育法施行規則において，教科ごと，学年ごとに標準授業時数が定められています。その中で，学習指導要領で示している教科の内容を指導しなければなりません。この限られた授業時数の中で，今までの講義型の一斉授業では，学習指導要領で示されている内容の基本的な「知識・技能」を身に付けさせることが精一杯であり，自己評価と相互評価を含めた「主体的・対話的で深い学び」を実現することは難しいです。

　そこで，「主体的・対話的で深い学び」を実現するためには，時間の確保が必要であり，いかに基本的な「知識・技能」を身に付けさせる時間を短縮できるかがポイントと考えています。

　時間の短縮という面でも，ICT は効果的です。その中の１つとして，動画の活用があります。

　一斉授業で50分近く時間をかけて説明していた内容を，10分程度でわかりやすくまとめた動画がたくさんあります。さらに現代の生徒たちは，日常的に動画を見ているので，理解もとてもスムーズです。

　そして，動画の最大のメリットは，『どこでも』，『なんどでも』見られることです。『どこでも』は，学校の授業の時間だけに限らず，休み時間，放課後，そして家でも動画を見て，学習することができます。

　筆者の勤務校では，「スタディサプリ」を活用し，家庭学習として予習課題を出しています。事前に次回の授業での学習内容の動画と確認テストを予習課題とし，授業ではその予習内容の確認と，わからなかった内容を重点的

に学習しています。さらにその学習内容を活用した課題や問題を各自が自分のペースで取り組むようにしています。

　動画を『なんどでも』繰り返し見ることができるため，自分の理解度に合ったペースで学ぶことができます。このように，家庭の中で，自分に合った学習ペースで学ぶことを積み重ねていくことで，自分で自分の学習をコントロールする自己調整力が養われていくと考えています。「スタディサプリ」は有料動画ですが，無料動画では NPO 法人 eborad が運営する無料のオンライン ICT 教材「eborad」を活用していました。

▎個別学習の取組

　反転学習の取組は，家庭学習をしっかりと行えるかが重要になります。しかし，家庭学習を充実させることは簡単ではありません。

　そこで，学び方を学ばせるために，授業では個別学習を取り入れています。具体的な進め方は，はじめに10分程度本時の内容の授業を行い，30分程度各自で学習内容を決め，各自のペースで学習を進めます。

　学び方は人それぞれであり，自分に合った学習方法を考えさせます。筆者の勤務校の生徒たちは，教科書や動画を見たり，タブレットでドリル教材を行ったり，プリントで演習をしたり，友達や教師に聞いたりなどの様々な活動をします。

　演習については，プリントを準備しなくても，ドリル教材だけに絞ったり，タブレット内に問題を入れておいたりすれば，ペーパーレスで学習を行うことができます。しかし，学習理解の仕方は人それぞれであって，タブレットで演習する方がよいと感じる生徒もいれば，紙で書くことで思考が整理される生徒もいます。最終的に自分に合った学習方法を理解させることが目標なので，両方とも用意し，各自で選ばせるようにしています。

　さらに，プリントを用意することで，生徒はプリントを取りに行くために席を立つことで，自分の席から離れた生徒に対して質問をしたり，教え合っ

たりなど，個別学習中に協働学習を行うことが多くあります。生徒が動くように設定をすることで，より意欲的に学習に向かう雰囲気をつくり出せると感じています。授業の最後には振り返りや小テストを行っています。今日の授業で学んだことは何か，何ができるようになったか，次の学習にどのようにつなげるかを振り返らせます。また，小テストを行い，自分の学習方法が成果として表れているかを確認させます。毎回自己評価（振り返り）を行い，正しい自己理解につなげることを意識させることが大切です。

　筆者の勤務校では，ドリル教材として「ミライシード」を活用しています。ドリル教材は，生徒の学習履歴が数値として見える化されるので，生徒に的確なアドバイスができます。

　この反転学習と個別学習を行い，自己調整力を養いながら，基本的な「知識・技能」をより短い時間で身に付けさせています。

2

学習課題の設定

▌タキソノミーテーブル

　反転学習と自由進度学習で基本的な「知識・技能」を身に付けさせ，そこでできた余白の時間で自己評価と相互評価を含めた深い学びの学習を行います。

　深い学びを実現するためには，学習の課題設定が重要です。課題設定を行う上で，単元全体の流れの把握と学習活動を指標で確認することが必要であり，そのためにタキソノミーテーブルを活用しています。

　タキソノミーテーブル（右の図　※1）とは，「知識次元（4領域の縦軸）」と「認知過程次元（6種類の横軸）」により構成されたマト

タキソノミー・テーブル (2000 L.W.Anderson and D.R.Krathwohl に、NEL&Mが加筆したバージョン)

リックス図となっており，単元を構成する一つ一つの授業がどこに分類されるのかを当てはめることができ，単元の流れをデザインする指標として機能するため，自分自身の授業がどのように進み，どのような学習方法が行われているのか客観的に把握することができます。

　例えば，解説動画を視聴するという学習活動は表の左側の「1記憶する」

や「２理解する」に当てはまり，『解説動画を作成する』は「３応用する」や「４分析する」に当てはまります。さらに，よりよい解説動画についての基準を明確にし，その内容に沿って，生徒同士で評価し合い，修正を加えていくと「５評価する」や「６創造する」の学習活動になっていきます。つまり，認知過程次元が右側に当てはまるほどアウトプットが多くなり，知識次元が下に当てはまるほど深い学びの学習活動になると考えられます。

　さらに，ICTの活用を絡めたデジタルタキソノミーテーブルも田中康平氏（株式会社 NEL&M 代表取締役）によって提案されています（下の図　※２）。デジタルタキソノミーテーブルを活用し，単元の全体の流れを把握し，生徒の学習活動の動詞を指標で当てはめながら，ICTを活用することにより，幅広いアウトプットと深い学びが実現できる学習内容を考えながら，課題設定をしています。第２章の実践紹介で具体的な課題を紹介します。

創造的な学びに向かう～形成的評価のための発問例～

学習目標	①記憶する	②理解する	③応用する	④分析する	⑤評価する	⑥創造する
学習活動 10の動詞 （例示）	記述する お気に入りに追加する インターネットで検索する ハイライトする（マーキング） リスト化する 名前や番号を付ける 脈略をつけて覚える 暗唱する 録音・録画・撮影する 視覚化する （画像などに書込む）	複数の語句で検索し、絞り込む 集約する 分類・比較する 議論する 説明する 言葉や態度で表す 例示する （言い換える） 通説する B 記にまとめる 要約する （ツイートする）	考えた方略を実行する 方法や道具を選択する 実験する デモンストレーション 遂行・完了する 図やグラフ化する 編集する 明確に述べる プレゼンテーション 共有する	測定・調査する 基準を見出す 分類・比較する 結論づける 相関を示す 推論する 識別する 例証する 構造化する マインドマッピング	試験・反応・審査する 批評する コメントする 結論づける 格付ける （ランキング） 文脈を整える （コンテクスト） 推敲する 客観する 取捨選択する （捨てるを含む） 再構成・改定する	コラボレーション （異なるものを組み合わせる） デザインする（設計） マネジメントする （管理） 考案する 開発する 策定する ブログを書く、執筆・編述する 動画で表現する （Youtube等） プログラミングする 問題や課題を解決する
形成的評価 の発問 （例示）	これは誰？ これは何？ 何を覚えた？ いくつできた？ マークできた？ 書くことができた？ 記録できた？ 撮影できた？	いくつ集めた？ どうやって集めた？ 似ているものは？ どこが似ているの？ どこが違うの？ ○○説明できる？ 短い文で書くことができる？	実行する順序を説明できる？ 何を使えばよい？ その道具を選んだ理由は？ 参考にしたものは何？ 実行するためには、何が重要？ 再現することができる？	どういう特徴が考えられる？ 比較の基準は？ 分類した理由は？ 何を参考にした？ 違う部分、関連する部分を説明できる？ 構造や分類を図で表現できる？	良いと評価した理由/基準は？ 優先順位をつけて示すことができる？ その理由/基準は？ 最も重要なことは？ 比較の結果、除外したことは？ 残したことは？ なぜ除外したの？ なぜ残したの？	新たな視点は何？ 先行事例との違いは？ どんな問題を解決できる？ どのように問題を解決する？ どういう価値を提供できる？

初学者　　　　　　　　　　　　　　　　　　　　　　熟達者　イノベーター

2019年3月26日

〈参考文献〉

※１・２　株式会社 NEL&M ホームページ
　　　　　https://www.nelmanage.com/

3

学習活動の空間づくり

■ ファシリテーターの役割

　自己評価と相互評価を含めた「主体的・対話的な深い学び」を実現させるためには，課題設定ともう1つ重要なものがあります。それは，学習活動の空間づくりです。

　深い学びとは，「知識・技能」が相互につながり，ネットワーク化し，構造化されることです（※1）。そのためには，生徒が身に付けた「知識・技能」を一生懸命アウトプットする場面や他の生徒と丁寧に意見交換する場面，そして改めて自分の「知識・技能」を適切に振り返る場面が必要です。

　そのような場面を設けるとともに，生徒が意欲的に活動を行える空間づくりをするためには，教師はファシリテーターとしての役割を果たすことが重要です。

　ファシリテーションとは，「人々の活動が容易にできるよう支援し，うまくことが運ぶよう舵取りすること。集団による問題解決，アイデア創造，教育，学習等，あらゆる知識創造活動を支援し促進していく働き」（※2）と定義付けられています。

　つまり，学習活動の雰囲気づくりをする人こそがファシリテーターであり，今教師に求められる大きな力の1つです。

　ファシリテーションを行う上で，私自身が意識していることは，以下の5つです。
①　生徒の興味・関心を引き出しながら，学習目標を共有する。

②　生徒の姿や発言，行動を丁寧に見取る。

③　生徒の考えを理解し，想いに寄り添いながら共感する。

④　問いかけながら生徒の思考を整理する。

⑤　学習のまとめを共有し，各自の振り返りをフィードバックする。

　これら５つを意識して丁寧に行うことで，生徒との信頼関係を築くことができ，一人一人のモチベーションを高めながら集団としてもよりよい学習の雰囲気をつくっています。

▌生徒同士でよりよい学習空間をつくる

　教師がファシリテーターとしての立場になると，講義型の一斉授業のときよりも細かく生徒のことを見て，声かけができるようになります。

　しかし，それぞれが学習をしている中で，生徒全員や全てのグループにファシリテーションを行うことはできません。そこで，大切になるのは生徒同士で学習を進めることができるように指導することです。つまり，生徒自身で意見交換しやすい場をつくり，たくさんの意見を引き出し，その意見を整理し，合意形成をしながらまとめていくことです。

　そのためにも，教師だけでなく，生徒たちにもファシリテーションの大切さについて理解させ，課題解決力に併せてファシリテーション力の育成を図る必要があります。

　最終的には生徒だけで課題解決ができるように，教師は積極的に動きすぎず，生徒の活動を見守り，生徒同士が自由に共有できる空間づくりを大切にしたいと思っています。

〈参考文献〉

※１　田村学（2021）『学習評価』東洋館出版社

※２　堀公俊『ファシリテーション入門第２版』（日本経済新聞出版）

第2章

ICTを活用した「自己評価・相互評価」活動アイデア

正負の数のオリジナル問題を作成し，お互いの問題を解き合おう

▌課題

> 「Kahoot！」を使って，正負の数の問題を作成し，お互いの問題を解き合い，評価し合おう。

　この課題学習は全2時間を使って行います。

　1時間目は，教育用ゲームのプラットフォームの「Kahoot！」を使って，グループごとで正負の数の問題を作成します。作成にあたり「素因数分解」，「数の大小」，「加法・減法」，「乗法・除法」，「累乗」，「四則の混じった計算」，「分配法則・数の広がりと四則」，「正負の数の利用」の内容をグループ内で分担します。また，作成する問題は4つの選択肢から選ぶ形式の問題とします。そのため，生徒は問題作成と3つの誤答を考えます。作成した問題はグループ内で共有し，お互いに評価し合い，修正を行います。完成した問題はグループごとで「Microsoft Forms」（以下，「Forms」と表記します）に入力し，教師に提出します。

　2時間目は，作成したグループごとの問題を「Kahoot！」を使って，生徒全員で解きます。解き終えた後で，解いた問題について自己評価，相互評価を「Forms」で行います。

　そして，その評価の結果を基に，課題学習の振り返りを「Forms」を使って行います。この振り返りの内容を，「主体的に学習に取り組む態度」の評価材として扱いました。

▍指導計画／本時の目標と評価規準／本時の実践例

(1)指導計画

時	学習内容	評価
1・2	自然数や素数，素因数分解の意味を理解し，素因数分解する。	知
3〜5	正の数と負の数及び符号の意味を理解し，大小関係を不等号を使って表す。	知
6〜9	正の数と負の数の加減法の計算の意味と方法を理解し，その計算をする。	知
10・11	加法と減法の混じった式を，正の項や負の項の和として捉え，加法と減法の混じった式を，加法だけの式や項だけを並べた式にし，それらの式を計算する。	知思
12〜14	正の数と負の数の乗法の計算の意味と方法を理解し，その計算をする。	知
15・16	正の数と負の数の除法の計算の意味と方法を理解し，その計算をする。	知
17〜19	乗法と除法の混じった式を逆数の考えを使って乗法として捉え，乗法と除法の混じった式の計算をする。また，正の数と負の数の四則の混じった式の計算の方法を理解し，計算をする。	知思
20	数の集合と四則計算について理解し，それについて調べ，関係を捉える。	知思
21	日常生活や社会の事象における問題を，正の数と負の数を利用して解決する。	思
22	正負の数における問題を作成する。	知思
23	作成した問題を「Kahoot！」を使って解き合い，自己評価・相互評価をする。	知態
24	章末の問題を解き，単元の振り返りを行う。	知思

(2)本時（第23時）の目標と評価規準

　作成したオリジナル問題を「Kahoot！」を使って解き合い，その問題について自己評価，相互評価することができる。

知識・技能	主体的に学習に取り組む態度
自然数や素数の意味を理解し，素因数分解することができる。また，正負の数の四則計算をすることができ，具体的な場面で正負の数を使って表したり処理したりすることができる。	他の人が作成した正負の数の問題を意欲的に解き，客観的に評価しようとしている。また，問題作成の過程を振り返って，評価・改善しようとしている。

⑶本時（第22～23時）の実践例

①「Kahoot！」の問題作成について

「Kahoot！」を使って問題を作成する場合には，生徒一人一人の「Kahoot！」の登録が必要になります。登録をする作業に時間が取られるため，生徒一人一人の登録は行わず，次の方法で生徒が作成した問題を「Kahoot！」で行えるようにします。まず，教師が「Forms」で問題作成用のテンプレートをグループごとにつくり，生徒一人一人に配付します。次に，生徒は配付された「Forms」に問題と解答を入力し提出します。そして，教師は提出されたグループごとの「Forms」を「Microsoft Excel」（以下，「Excel」と表記します）に出力し，そのデータを「Kahoot！」にインポートします。この手順に沿って行うと，生徒が作成した問題をグループごとに「Kahoot！」で行えるようになります。

②選択問題の作成について

生徒が作成する問題は，4つの選択肢から選ぶ形式の問題とします。

生徒は担当の単元から問題内容を考えることで，問題を解く過程を整理し，数字の設定や条件を変えながら問題内容の理解を深めることができます。さらに選択肢の誤答について考えることで，問題を解くときにつまずきやすいところや間違えやすいところを振り返ることができます。

このように問題と解答の選択肢の内容を深めるために，作成した問題と解答の「設定理由」を生徒に考えさせ，まとめさせます。

この設定理由を基に，グループで作成した問題を解き合い，意見交換し，修正を行いながら選択問題の作成を行います。

③「Kahoot！」の活用について

第23時は，前時で生徒が作成した問題を「Kahoot！」を使って，解き合います。「Kahoot！」は解答時間と正答率のポイントで競い合うことができるゲームです。順位も問題ごとに表示され，とても盛り上がります。

また，問題ごとの正答数も表示され，どの問題に誤答が多かったのかなど，生徒と一緒にクラスの理解度の把握をすることができます。

このように生徒が意欲的になり，学ぶ楽しさが感じられるアプリを使えることは ICT 活用の大きな強みだと感じています。

▎「自己評価・相互評価」について

⑴自己評価・相互評価

それぞれのグループが作成した問題を「Kahoot！」を使って解き終わった後，自己評価と相互評価を「Forms」を使って行います。

自己評価と相互評価とも評価観点は次の３つです。１つ目は「問題内容」，２つ目は「問題の難易度」，３つ目は「問題の工夫」です。これらについて生徒が３段階で評価します。「問題内容」は問題として適切な内容であるか評価します。「問題の難易度」は適切な問題の難易度になっているか，問題の制限時間は適切であったかを評価します。「問題の工夫」は学習として面白い内容であったか，選択肢の内容に工夫があったかを評価します。

生徒が評価しやすいように，教師は解いた問題を全体で表示します。また，「Forms」はすぐに集計ができ，生徒にフィードバックすることができます。生徒に自己評価と相互評価の点数の乖離を考えさせながら，課題学習の振り返りを行います。

⑵学習の振り返り

自己評価と相互評価の結果を基に，学習の振り返りを行います。振り返りの項目の１つ目は「問題づくりを通して学んだことは何ですか」，２つ目は「自分が作成した問題で工夫したポイントは何ですか」，３つ目は「今後，問題づくりを行うとき，どんなことを意識して行いたいですか」です。

これらの振り返りを通して，生徒は問題づくりをすることで得られる視点について考えることができます。また，教師は生徒の振り返りをフィードバックしながら，問題づくりが学び方の１つの方法であることを全体で確認します。このように生徒自身で学び方を学ぶ機会を設定することが大切です。

マッチ棒の並び方を考えて
個数を文字を使って説明しよう

▌課題

> マッチ棒の並び方を考えて，個数を文字を使ってお互いに説明し合い，評価し合おう。

　この課題学習は全2時間を使って行います。

　1時間目では，生徒はマッチ棒の並び方を考え，n個の図形をつくったときのマッチ棒の本数を2つ以上の考え方で式に表します。教師は，右の見本をスライドで示し，生徒が課題を理

問題

右の図のようにマッチ棒を並べた場合について、正方形をn個作ったときのマッチ棒の本数を、nを使った式で表しなさい。

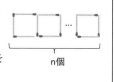

n個

解しやすいように工夫します。生徒が作成した内容は，問題としてまとめ，2つ以上の考え方を解説としてそれぞれの「Microsoft PowerPoint」（以下，「PowerPoint」と表記します）のスライドで作成します。

　2時間目では，3人で1つのグループをつくり，生徒が作成した問題をグループ内で考え，様々な解き方を確認します。

　授業の流れは，最初に1人の生徒が作成した問題を残りの2人が話し合いながら解き，問題を作成した生徒が解説を行い，作成した問題と解説について自己評価を行います。また，問題を解いた生徒は，解いた問題と解説について評価を行い，グループの3人全員が順番に行います。

▋指導計画／本時の目標と評価規準／本時の実践例

(1)指導計画

時	学習内容	評価
1	文字を使うことの必要性と意味を理解し，文字を使った式で数量を表す。	知
2	いろいろな数量を文字を使った式で表す。	知
3・4	文字を使った式の積や商の表し方の約束を理解し，文字を使った式を表す。	知思
5	代入や式の値の意味を理解し，式の値を求める。	知
6	文字を使った式が表している数量や数の意味を説明する。	知思
7	項や係数，一次の項，一次式の意味を理解し，文字の部分が同じ項同士を1つにまとめて計算する。	知
8	一次式と数との乗法の計算の方法を理解し，その計算をする。	知
9	一次式を数でわる除法の計算の方法を理解し，その計算をする。	知
10	一次式と一次式の加法，減法の計算の方法を理解し，その計算をする。	知
11	日常生活や社会の事象における問題を，文字を使った式を利用して解決する。	思態
12	等式や不等式の意味を理解し，それらを使って数量の関係を表す。	思
13	マッチ棒の並び方を考えて，様々な方法で本数を文字を使って表す。	思
14	作成した問題の解説を行い，自己評価・相互評価をする。	思態

(2)本時（第13・14時）の目標と評価規準

　マッチ棒の並び方を考えて，個数を文字を使ってお互いに説明し合い，評価し合うことができる。

思考・判断・表現	主体的に学習に取り組む態度
作成した文字を使った問題について，スライドを使って解説することができる。また，評価基準を基に，適切に自己評価と相互評価を行うことができる。	作成した問題についての解説を意欲的に行おうとする。また，自己評価と相互評価を通して，文字を利用した問題解決の過程を振り返って検討しようとしている。

(3)本時（第13・14時）の実践例

①文字を使った問題作成

　生徒たちは，マッチ棒が並ぶ方法を考え，n 個の図形をつくるために必要なマッチ棒の数を式で表す問題を作成します。問題作成に苦手意識がある生徒には，教師が見本の問題と解説を示し，条件を変更して考えることができるようサポートします。また，マッチ棒の数だけでなく形も変えることができる視点を示します。

　作成された問題は，「PowerPoint」を活用して作成し，クラウドに保存して，次回の授業で他の生徒と共有できるようにします。

②解説作成

　教師は，生徒に２つ以上の考え方を示して，解説スライドを作成するように指示します。これによって，多様な方法で式を表現することで，異なる視点に立つことができます。また結果が等しくなることを説明することで，中学２年生で学習する「式による説明」につなげることができます。解説スライドは，説明のための補助資料として生徒自身が作成します。このため，他の人が見やすいように文字の量や大きさなどのレイアウトに注意を払い，図や表，アニメーションなどを活用して指導します。生徒が自分の考えをより伝わりやすくするための工夫をすることが重要です。

③グループ活動

　３人で１つのグループをつくり，１人の生徒が作成した問題を残りの２人の生徒が協力して考えます。問題を解いている間，問題を作成した生徒は解答者たちがどのように考えているかを確認し，自分が考えた解説と比較します。解説は，問題を作成した生徒が事前に作成したスライドを活用しながら問題を解いた生徒たちが考えた方法とは異なる方法を中心に行います。

　最後に，その問題についてグループ内で話し合い，よりよい解法を共有することで，お互いの問題解決能力を高めることができます。

▌「自己評価・相互評価」について

(1)自己評価・相互評価

　「PowerPoint」を使って解説をした生徒と，その解説を聞いた生徒が相互に評価を行います。評価方法は，解説を行った生徒に対する評価をスライドに入力します。

　「PowerPoint」はクラウドを活用し，共同編集で行います。そのため，他の人がどのような評価やコメントを書いているのかを確認しながら入力できます。まだ他者に評価を付けることに慣れていない生徒が多いため，評価の内容を共有することで，お互いに評価方法を学ぶことができます。

　評価項目は，「問題設定について」，「解説について」，「内容の正確性」の3つです。それぞれを3段階の数値で評価し，その評価を付けた理由をコメントで入力します。教師はコメントの内容も建設的な内容になるように指導し，課題点を指摘する場合は，改善案も提案するように伝えることが大切です。

(2)個人の振り返り

　振り返りを行う前に，生徒にグループで話し合った最もよい考え方をスライドにまとめ，そのグループの問題と解説のスライドを印刷して掲示し，他のグループの問題と解説も確認できるようにします。

　最後に自己評価と相互評価の内容を基に，各自で振り返りを行います。振り返りの内容は，「この課題を通して学んだこと」，「今後，学びたいこと」，「問題に対して最もよい解法を選んだ理由」の3つです。特に，「問題に対して最もよい解法を選んだ理由」については，話し合った決定理由を明確にし，思考を整理させることが目的です。

一次方程式の解き方の
ステップ解説をつくろう

▌課題

中学１年の一次方程式の解き方のステップ解説をつくり，その解説を使って一次方程式の練習問題を解こう。

　この課題学習は，全２時間を使って行います。教師が事前に一次方程式の解き方の練習問題プリントを用意します。

　１時間目は，練習問題の内容を「係数が整数である一次方程式」，「かっこのある一次方程式」，「係数に分数がある一次方程式」，「係数に小数がある一次方程式」，「比例式」の５つに分け，グループごとに割り当てられた問題を，グループ内で生徒各々が解説する問題を決めます（今回は１人２問，解説するように問題を用意しました）。生徒は担当の問題を解き，「PowerPoint」を使ってステップ解説を作成します。ステップ解説は，１枚のスライドに１行の途中式を書き，そのスライドを複製し，複製したスライドにさらに１行の途中式を付け加えます。それを繰り返すことによって，解き方の過程が複数のスライドで詳しくわかるようにまとめた解説です。ステップ解説はクラウド上の「PowerPoint」で作成し，生徒同士で共有できるようにします。２時間目は，生徒は各自で練習問題のプリントを解きます。その際，解き方のわからない問題を，前時に他の生徒が作成したステップ解説を参考にしながら学習を進めます。また，答え合わせもステップ解説を見ながら各自のペースで行います。そして授業の最後に，それぞれのステップ解説に対して「Forms」を使って相互評価を行います。

■ 指導計画／本時の目標と評価規準／本時の実践例

(1)指導計画

時	学習内容	評価
1	方程式を解くことの意味を理解し，数を代入して，方程式の解を求める。	知
2	等式の性質について理解する。	知
3	等式の性質を使った解き方を理解し，一次方程式を解く。	知
4	移項や一次方程式の意味を理解し，移項を使って一次方程式を解く。	知
5・6	かっこのある一次方程式，係数に分数や小数がある一次方程式を解く。	知
7	比例式の意味を理解し，比例式を解く。	思
8	一次方程式の解き方の問題のステップ解説を作成する。	知態
9	一次方程式の解き方の練習問題を解き，ステップ解説について相互評価する。	知態
10・11	道のり，速さ，時間に関する問題における数量関係を捉え，一次方程式を利用して問題を解決する。	思態
12・13	日常生活の中の等しい関係に着目して数量関係を捉え，一次方程式を利用して問題を解決する。	知態

(2)本時（第9時）の目標と評価規準

　作成したステップ解説を使って，練習問題を各自で解き，ステップ解説について相互評価を行うことができる。

知識・技能	主体的に学習に取り組む態度
移項を使って一次方程式を解くことができる。また，かっこのある一次方程式，係数に分数や小数がある一次方程式を解くことができる。また，比の性質や比例式を解く手順を理解し，比例式を解くことができる。	作成したステップ解説を使って，一次方程式を解く方法を理解しようとしている。また，客観的に他の人が作成したステップ解説を評価しようとしている。

⑶本時（第8・9時）の実践例

①ステップ解説について

　ステップ解説は「PowerPoint」を使って，計算の途中式の流れをわかりやすくまとめた解説です。1枚のスライドに1行の途中式を書き，そのスライドを複製し，複製したスライドにさらに1行の途中式を付け加えます。それを繰り返すことによって，一つ一つの計算過程がわかるようにします。また，教師は生徒に途中式だけでなく，数学の用語を使った具体的な説明も解説に含めて作成するよ

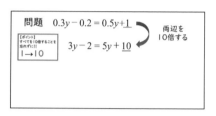

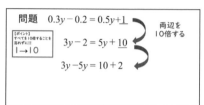

うに指導します。さらに，生徒に間違えやすいところや計算のポイントを解説に付け加えさせます。このような活動を通して，生徒は今まで作業で行っていた計算をステップごとに表現し言語化することで，一つ一つの途中式について丁寧に考え，それぞれの式変形の理解を深めることができます。

②ステップ解説の作成途中のクラウド活用

　生徒はステップ解説をクラウド上で「PowerPoint」を使って作成します。教師は，生徒全員分の白紙の「PowerPoint」データのリンクを「Microsoft Word」にまとめ，「Microsoft Teams」（以下，「Teams」と表記します）で共有します。「PowerPoint」データのリンクを共有することで，生徒はいつでもリンクから他の生徒のステップ解説を見ることができ，作成途中の内容も確認することができます。生徒同士の作成途中のデータを，クラウドを活用し共有することで，今まで近くにいないと見ることができなかった作成過程をどこにいても見ることができ，さらに作成過程の段階から作品のつくり方について学ぶことができます。このようにクラウドを活用することで「いつでも」，「どこでも」つながることができるようになったのは

ICTの強みであり，途中共有をすることで，生徒主体の協働作業が行われ，より質の高い作品が期待されます。

③ステップ解説を活用した問題練習

　生徒は，前時で作成したステップ解説を使って練習問題のプリントを解きます。練習問題は各自のペースで，各自のタイミングで解説を見ながら自分に合った学習の仕方で行います。その際，ステップ解説を見ることで問題の解き方が理解できたときは，そのステップ解説の「PowerPoint」のコメント機能を使って，コメントを入力します。コメントの内容は「自分はどこでつまずいたのか」，「どこの解説の内容で理解できたのか」を書くように生徒に指導します。コメントを書くことで，自分のつまずきを整理することができます。また，このコメントの内容も共有されるので，他の生徒がどのようなところでつまずき，どこで理解できたのかを知ることができます。さらに，作成したステップ解説に対してコメントによる他者評価を受け，客観的に自分の作成したステップ解説を評価することができます。

■「自己評価・相互評価」について

　生徒は「Forms」を使ってクラス全員のステップ解説の評価を行います。評価項目は「わかりやすい解説であるか」を5段階の数値で評価します。評価する人数が多いため評価項目は1つにし，評価するポイントを事前に生徒に伝えます。評価するポイントは「途中式と答えは正しい内容か」，「途中式は細かく書かれているか」，「式変形の説明が数学の用語を使って正しく書かれているか」，「解き方のポイントが書かれているか」，「わかりやすい工夫があるか」の5つです。

　この5つのポイントを意識して評価を行うことで，今後解説づくりをするときの視点をもつことができます。これらの視点をもちながら解説づくりを行うと，事実的知識の理解から概念的な知識の理解へつながります。

知識構成型ジグソー法で
一次方程式の利用の学習をしよう

▌課題

> 　中学1年の一次方程式の利用を3グループに分けて，グループごとで学習し，その学習した内容を互いに説明し合おう。

　この課題学習は全4時間を使って行います。事前に「代金」，「過不足」，「速さ」の3グループに生徒を分け，自分の担当内容を各自で学習します（前章の1「学習時間の確保」反転学習）。

　1時間目は，同じ担当同士でグループ（エキスパートグループ）をつくり，各自学習した内容で理解できなかった点を共有し，解決します。その後，教師が用意した練習問題を解きます。

　2時間目は，担当の学習内容を「PowerPoint」を使ってスライドにまとめ，説明の練習をします。

　3時間目は，異なる担当同士でグループ（ジグソーグループ）をつくり，2グループがお互いの内容を説明し合います。

　担当時間は20分間ずつ設け，各自作成したスライドを使った説明と説明した相手に練習問題を解かせながら，質問の対応をします（この内容をミニ授業とします）。その後，お互いに説明を受けた相手に「コラボノート」を使って，相互評価・自己評価を行います。

　4時間目は，3時間目同様に残りの1グループがミニ授業を行い，自己評価と相互評価の内容を基に，各自の振り返りを行います。また，最後に小テストを実施し，生徒の理解度を教師が把握します。

■ 指導計画／本時の目標と評価規準／本時の実践例

(1)指導計画

時	学習内容	評価
1	方程式を解くことの意味を理解し，数を代入して，方程式の解を求める。	知
2	等式の性質について理解する。	知
3	等式の性質を使った解き方を理解し，一次方程式を解く。	知
4	移項や一次方程式の意味を理解し，移項を使って一次方程式を解く。	知
5・6	かっこのある一次方程式，係数に分数や小数がある一次方程式を解く。	知
7	一次方程式の解き方についてまとめる。	思
8	比例式の意味を理解し，比例式を解く。	知
9	グループごとで担当の一次方程式の利用の内容を理解する。	知
10	担当の一次方程式の利用の内容をスライドにまとめる。	思
11	ジグソー法で2グループが担当の一次方程式の利用のミニ授業を行う。	思態
12	ジグソー法で1グループが担当の一次方程式の利用のミニ授業を行い，一次方程式の利用についてまとめる。	思態

(2)本時（第12時）の目標と評価規準

　ジグソー法で一次方程式の利用の内容を理解し，問題解決の過程を振り返ることができる。

知識・技能	思考・判断・表現	主体的に学習に取り組む態度
日常生活や社会の事象における問題の解決に一次方程式が利用できることや，一次方程式を利用して問題を解決する方法を理解している。	日常生活や社会の事象における問題を，数量の関係に着目して，一次方程式を利用して解決することができる。また，その内容をスライドを使って，わかりやすく説明することができる。	一次方程式を日常生活や社会の事象における問題の解決に利用することに関心をもち，問題解決の過程を振り返ってまとめようとしている。

⑶本時（第12時）の実践例

①ミニ授業について

　時間は20分間設定し，内容は各自作成したスライドを使いながらの説明と説明した相手に練習問題を解かせ，質問の対応とします。生徒に様々な問題を解決する上で大切となる視点に気付かせるために，

各自作成するスライドの中には，問題を解決する過程（流れ）を含めることを条件に加えます。また，練習問題は教師が類題３問と発展問題１問ずつを紙とデータの両方で用意します。データは「Teams」のファイルに入れ，生徒はそこからデータを取り出し，各自の「Microsoft OneNote」に貼り付けてタブレット上で解いたり，ノートで解いたりなど自分に合った方法を選択し，学習します。

　ミニ授業の中では，教える役の生徒が全ての指示を出し，丸付けを含めて20分間を教わる側の生徒が理解できるように，時間を考えて使います。

　教師は説明に困っている教える役の生徒のフォローをしたり，教わる側の生徒の学びに向かう態度を見取ったりします。

②小テスト

　一次方程式の利用の問題の小テストを紙で行います。ここでは，理解度の把握を目的とするため，教科書の基本的な内容とし，教師が時間を設定し，採点を行います。

　小テストを紙で行うメリットとして，生徒の途中の思考過程を見取りやすいところがあります。どこまで理解していて，どこでつまずき，どこで間違えたかを教師が把握することは大切であり，この先の授業改善にも生かすことができます。

③学習の振り返り

　生徒に今回の課題学習の振り返りを「Teams」を使って行います。「Teams」で前回までの3回分の振り返りと今回の「コラボノート」で作成した自己評価と相互評価の内容を基に，自分たちで学習した内容を他のグループに説明し合う活動を通して，「何ができるようになり」，「何が変わったのか」を各自で振り返らせます。さらに，様々な問題を解決するためには，どのような過程が必要かを考えさせます。そのために，教師は生徒が作成したスライドを参考にさせ，振り返ることができるように工夫しています。この振り返りを行うことで，問題を解決するための思考過程を把握することができ，問題解決能力の基盤の育成につながります。

▌「自己評価・相互評価」について

　「コラボノート」の共同編集で自己評価と相互評価を行いました。生徒に評価をさせながら，他の人がどのような評価を付けているのか。どのような視点で評価をしているのかを学ばせるため，このような形式にしています。評価基準を基に正しい視点での評価を付けるために，他の人の評価の視点を取り入れながら，評価を付ける練習が重要と考えます。

　このような学びを繰り返すことにより，客観的に評価することができ，自分自身の振り返りも行うことができるようになります。

作図の入試問題の
解説動画をつくろう

▌課題

中学1年の作図で，過去の都立入試の作図問題を分担し，一人一人が解説動画を作成しよう。

この課題学習は全3時間を使って行います。

1時間目は，グループごとに過去の都立入試の作図問題を分担し，グループごとで分担した入試問題に取り組み，理解できなかった点を共有し，グループで解決します。その後，グループ内で担当の問題を決め，解説動画の作成に向けての台本づくり，説明の練習をします。

2時間目は，グループごとに協力して，解説動画の撮影を行います。撮影した解説動画は，必ずグループで確認し，必要があれば再撮影，再編集を行います。完成した動画は，生徒も閲覧できる学校内の共有フォルダーに保存します。

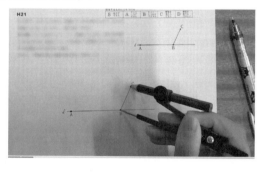

3時間目は，都立入試の作図問題を各自で解く。考え方や解き方がわからないときや丸付けをするときに，2時間目で作成した解説動画を見て確認します。授業の最後に，自分が参考にした解説動画に対しての評価をし，各自の振り返りを行います。

■ 指導計画／本時の目標と評価規準／本時の実践例

(1)指導計画

時	学習内容	評価
1・2	直線，半直線，線分，2点間の距離，2直線がつくる角について理解する。	知
3	平行や垂直の意味や点と直線の距離，平行な2直線間の距離を理解する。	知
4・5	円の弧や弦，円の接線，おうぎ形，円周角について理解し，円とおうぎ形の面積を求める。	知
6	垂直二等分線の作図の方法について理解し，垂直二等分線や中点を作図する。	知
7	角の二等分線の作図の方法について理解し，作図する。	知
8	垂線の作図の方法について理解し，垂線や円の接線などを作図する。	知
9	作図を利用し，数学の事象における様々な問題を解決する。	知思
10	自分の担当の都立入試の作図問題を解き，解説動画を作成する準備をする。	知
11	自分の担当の都立入試の作図問題の解説動画を作成する。	思
12	他の人が作成した解説動画を使いながら，都立入試の作図問題を解く。	思態
13〜15	平行移動，対称移動及び回転移動について理解する。	知
16・17	図形の移動を利用し，日常生活や社会の事象の問題を解決する。	思態

(2)本時（第12時）の目標と評価規準

　作成した解説動画を基に都立入試の作図問題を解き，解説動画について相互評価し，作図の学習を振り返ることができる。

知識・技能	思考・判断・表現	主体的に学習に取り組む態度
垂直二等分線，角の二等分線，垂線の性質について理解し，それぞれの作図を使って，都立入試の作図問題を解くことができる。	基本作図を使って，都立入試の作図問題を解き，解いた過程を振り返って，解説動画にまとめることができる。	作成した解説動画を基に，進んで都立入試問題を解き，作図の問題解決の過程を振り返ろうとしている。

(3)本時（第12時）の実践例

①作図のポイントの共有

　まず，作図問題を解く上での３つのポイントを全体で共有します。１つ目は，問題文からどんな性質が必要か考えること。２つ目は，その性質からどの基本作図（垂直二等分線，角の二等分線，垂線）を使うのか考えること。３つ目は，完成図をイメージすること。この手順に沿って，作図練習を行うことで，論理的に考察する力を身に付けることができます。この３つの手順は，前時にも伝え，解説動画を作成させる上で，かき方の解説動画にならないように，「なぜこの基本作図を使うのか」の解説を入れるように指導しました。

②解説動画の活用

　作図の入試問題を解く上で，つまずいたときや丸付けをするときに，生徒が作成した解説動画を活用しました。解説動画は，学校内の共有フォルダーに保存されているところから，各自が必要な場面で見られるようにしました。解く途中でつまずいたときに活用する場合は，問題文からどんな性質が必要なのかがわからないのか，どの基本作図を使えばよいのかがわからないのか，それともかき方がわからないのか，自分は何でつまずいているのかを客観的に把握させた上で，解説動画を視聴します。視聴の仕方も全て見るのではなく，自分がつまずいたところまで確認したら動画を止めて，そこから自分で解き進める。すぐに解説に頼るのではなく，自分で考える癖を身に付ける練習を行います。また，丸付けするときも答えだけを確認するのではなく，解説動画全てを確認するようにしました。他の人がつくった解説を一通り確認することで，考え方の違いはないか，自分がこの問題の解説動画をつくるならば，どのような説明をするのかの視点を考えるように声かけしました。このような活用の仕方をすることで，自分一人で学習するときの学習方法を学ぶことができ，さらに違う考え方を把握したり，自分の考えと比較したりすることで批判的思考を育成することができます。

③ワークシートの工夫

　解説動画の活用が確実に行われるように，以下の３点を生徒が記入できるようにワークシートの工夫を行います。１つ目は，問題を解く途中で解説動画を活用したかどうかを記入（○，×）。２つ目は，解説動画を活用する上で，自分がどこでつまずいたのかを記入（選択肢を３つ用意する）。３つ目は，丸付けで解説動画の見た感想を記入。このワークシートは回収し，生徒の理解度の把握を行います。

▌「自己評価・相互評価」について

⑴相互評価

　「Teams」を活用し，解説動画（問題）ごとに共同編集で相互評価を行いました。項目は動画を見て「わかったこと，わかりやすかったこと」，「まだわからないこと，もっと工夫した方がよいこと」，「改善案」になっています。それぞれの項目に対して，解いたワークシートの解説動画を見た感想を基にそれぞれが入力し，すぐに作成した本人にフィードバックができるようにします。この相互評価を基に，客観的に自分が作成した解説動画について振り返りながら，作図問題を解く上での大切なことをまとめさせます。

⑵記録としての評価

　記録としての評価として，解説動画の内容を「思考・判断・表現」，そしてForms の振り返りの内容を「主体的に学習に取り組む態度」の評価材料として扱いました。振り返りの項目は，この課題学習を通して「わかったこと，できるようになったこと」，「もっとできるようになりたいこと」，「作図問題を解く上で大切なことは何ですか」になっています　問題解決の過程を振り返る内容やさらに問題を発展的に捉え，新たな課題を見つけようとする内容に高い評価を付けました。

立体の表面積と体積について
自分のペースと方法で学習しよう

▌課題

中学1年の空間図形で表面積と体積の学習内容を各自で計画を立てて，各自のペースと学習方法で個別に学習しよう。

　この課題学習は立体の表面積と体積を小単元として，小単元内自由進度学習で全5時間を使って行います。

　単元内自由進度学習とは，教師から示された学習範囲を決められた時間数で，生徒自身が学習計画を立てて，自分のペースや学習方法に応じて学習を進めるものです。

　この課題学習は始める際に，教師は学習の手順として「内容理解」，「理解を深める」，「内容をまとめる」，「学びを振り返る」の4つの大まかな流れを生徒に確認します。また，生徒は，3枚の学習プリント（表面積，体積，球の表面積と体積）を使って内容を理解し，練習問題を解いて内容を深め，学習した内容を「PowerPoint」のスライドにまとめることを，自分のペースと学習方法で進めます。

　教師が生徒の学習進度と理解度を把握するために，学習プリントと生徒が作成する「PowerPoint」のまとめスライドの内容を確認します。

■ 指導計画／本時の目標と評価規準／本時の実践例

(1)指導計画

時	学習内容	評価
1・2	多面体，角柱，円柱，角錐，円錐，正多面体の意味と特徴を理解する。	知
3・4	直線，平面の位置関係や空間における位置関係について理解する。	知
5	回転体の意味を理解し，様々な図形の回転体について理解する。	知思
6	立面図，平面図，投影図の意味について理解し，投影図をかく。	知
7・8	角錐，円錐の展開図について理解し，展開図をかく。	知
9～13	角柱や円柱，角錐や円錐の表面積の求め方を理解し，表面積を求める。	知思
	角柱や円柱，角錐や円錐の体積の求め方を理解し，体積を求める。	知思
	球の表面積や体積の求め方を理解し，それらを求める。 立体の表面積と体積についてスライドにまとめる。　　〔自由進度学習〕	知思
14・15	日常生活や社会の事象における問題の解決に，空間図形を利用できることを理解する。	思態
16	角錐や円錐の側面上の糸の最短の長さは，展開図上の2点を結ぶ線分の長さとして求められることを見いだし，図形の問題を，展開図などを利用して解決する。	思態

(2)本時（第9～13時）の目標と評価規準

　立体の表面積，体積の求め方を理解することができ，表面積，体積を求めることができる。また，自分に合った学習方法を考え，計画的に学習を進めることができる。

知識・技能	思考・判断・表現	主体的に学習に取り組む態度
立体の表面積，体積の求め方を理解し，表面積，体積を求めることができる。	立体の表面積，体積の求め方や考え方をそれぞれスライドにまとめることができる。	立体の表面積，体積についての学習内容を自分で計画を立てながら，自分に合った学習方法を考え，振り返りながら，進んで学習しようとしている。

(3)本時（第9〜13時）の実践例

①学習空間について

　自由進度学習は基本的に個別学習ですが，その中で協働学習も行われます。この協働学習は教師が指示するのではなく，生徒自身が自分のタイミングで自分が選んだ人に質問したり，一緒に問題を解いたりします。このような学習空間は，全員が同じことを行う一斉学習とは正反対で，生徒全員がそれぞれの学習目標に向かって，最適な方法を考え学習します。

②復習について

　毎時間のはじめに「Kahoot！」を使って，クイズ形式で復習を行います。復習の内容は，前時の生徒の活動の様子や生徒の振り返りの中から生徒がつまずいたところを中心に取り上げます。

③「内容理解」について

　教師が3枚の学習プリント（表面積，体積，球の表面積と体積）を用意します。生徒はこの学習プリントに沿って内容を理解します。そのときに「スタディサプリ」，「デジタル教科書」や教師が作成した「PowerPoint」の中から自分に合ったものを生徒は選びながら，プリントを埋めていきます。教師は完成したプリントを生徒に提出させ，理解度の把握をします。

④「理解を深める」について

　生徒はさらに理解を深めるために練習問題を解きます。練習問題は教師が難易度別のプリントとデータで用意します。プリントについては表面に問題，裏面に解答を印刷し，生徒がすぐに自分で丸付けできる工夫をします。データは「OneNote Class Notebook」で生徒に配信します。

　また「ミライシード」のドリルパークを使って，ドリル練習ができるようにします。生徒は自分が理解度に合わせた内容の練習問題や学習方法を選び，理解を深めていきます。生徒が学習方法を選択することで，生徒自身で学び方を考え，理解することができるようになります。このように学習過程を客観的に自分で考え，理解することはメタ認知的活動の育成につながります。

⑤「内容をまとめる」について

「PowerPoint」のスライドで，生徒は表面積，体積，球の表面積と体積について，それぞれの内容を各自で１枚のスライドにまとめます。スライドを作成することで思考が整理され，さらに１枚の制限をかけることで要点を考えながらまとめ，知識を深めることができます。

■「自己評価・相互評価」について

(1)相互評価

生徒が作成する表面積，体積，球の表面積と体積についての「PowerPoint」のスライドは共同編集にし，他の人の作成途中の内容を共有することができるように工夫します。さらに作成途中の内容に対して，教師は

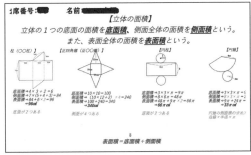

生徒にお互いによい点や改善点のコメントをスライドに入れるように指導します。そのようにすることで，作成した内容を再度振り返り，より質の高いスライドを作成することができます。

(2)学習の振り返り

毎時間のはじめに「Excel」に生徒各自の本時の学習目標をそれぞれ立てさせます。生徒は毎時間の最後の振り返りで，はじめに立てた各自の学習目標に対しての振り返りと自己評価を行います。振り返りの内容は「目標に対して反省」，「わかったこと」，「わからなかったことやもっと知りたいこと」の３つです。このシートも共同編集にし，振り返りの内容を共有します。この振り返りの内容を共有することで，振り返り方を学ぶことができ，より客観的な自己評価につながっていきます。

空間図形について学習した内容をまとめ，オリジナル問題を作成しよう

▌課題

中学１年の空間図形で学習した内容を自分の選んだ図形でまとめる。さらに，その図形に関わる問題を作成し，お互いに問題を解き合おう。

　この課題学習は全３時間を使って行います。

　１時間目は，「円柱」，「三角柱」，「四角柱」，「円錐」，「三角錐」，「四角錐」の中から生徒に１つ選ばせ，その図形を実際に紙でつくらせ，位置関係，投影図，展開図，表面積の求め方や体積の求め方について，「ロイロノート・スクール」（以下，「ロイロ」と表記します）のスライドにまとめさせます。

　２時間目は，１時間目に選んだ図形についてのオリジナル問題とその解説を「ロイロ」のスライドで作成させます。１時間目に作成したスライドと２時間目に作成したオリジナル問題と解説のスライドをつなげ，１つのまとめカードとして提出箱に提出させます。

　３時間目は，選んだ図形が異なる同士でグループをつくり，各々が２時間目に提出したまとめカードを基に，お互いのオリジナル問題を解き合い，解説やまとめカードを確認しながら丸付けをし，わからないところは作成者に質問します。その後，まとめカードについての相互評価をし，その相互評価を基に各自で単元の振り返りを行わせます。

▌指導計画／本時の目標と評価規準／本時の実践例

(1)指導計画

時	学習内容	評価
1・2	多面体，角柱，円柱，角錐，円錐，正多面体の意味と特徴を理解する。	知
3・4	直線，平面の位置関係や空間における位置関係について理解する。	知
5	回転体の意味を理解し，様々な図形の回転体について理解する。	知思
6	立面図，平面図，投影図の意味について理解し，投影図をかく。	知
7・8	角錐，円錐の展開図について理解し，展開図をかく。	知
9・10	角柱や円柱，角錐や円錐の表面積の求め方を理解し，表面積を求める。	知
11・12	角柱や円柱，角錐や円錐の体積の求め方を理解し，体積を求める。	知
13	球の表面積や体積の求め方を理解し，それらを求める。	知
14・15	日常生活や社会の事象における問題の解決に，空間図形を利用できることを理解する。	知思
16	自分で選んだ図形について，学習した内容をまとめる。	知
17	自分で選んだ図形について，オリジナル問題と解説をつくることができる。	思
18	オリジナル問題を解き合い，相互評価をする。	思態

(2)本時（第18時）の目標と評価規準

　作成したオリジナル問題を解き合い，解説を含むまとめカードについて，相互評価し，単元を振り返ることができる。

知識・技能	思考・判断・表現	主体的に学習に取り組む態度
学習した空間図形においての位置関係，投影図，展開図や表面積，体積の求め方を理解している。	学習した空間図形においての位置関係，投影図，展開図や表面積，体積の求め方をスライドにまとめ，その図形についての自作問題をつくることができる。	学習した空間図形においての位置関係，投影図，展開図や表面積，体積の求め方を振り返りながら，進んでスライドにまとめようとしている。

(3)本時（第16〜18時）の実践例

①紙で空間図形の作成

「Foldify-Create, Print&Fold」のアプリケーションを使い，生徒が選んだ図形の展開図を紙で渡し，生徒が各自で作成しました。実際につくる体験を通して，いろいろな角度からその図形を見ることができ，見取図だけでは認知できない視点を確認させました。

　また，教師は今までの学習した知識について実物を通して振り返ることができるように，生徒に作成した図形を様々な角度から写真を撮らせ，位置関係，投影図や展開図をカードにまとめさせるという工夫を行いました。

②オリジナル問題の作成

　オリジナル問題の作成で全くイメージができず，手が止まっている生徒のために，今までの学習で解いてきた問題を参考にできるように，教師は事前に「ロイロ」の資料箱に練習問題のデータを入れておきます。創造的な課題に取り組む際には，まず「まねる」ことから始めるように伝え，そして視点を変えていきながら，今まで習った知識を付け加えたり，条件を変えたりすることでオリジナル問題ができることを全体で共有します。問題を作成することで，学習した内容を振り返ることができ，自分が理解できていないところを改めて学習し直すことができます。

③問題の解き合い

　作成したオリジナル問題をお互いに解き合いながら，解説やまとめを見て答えを確認します。わからないときは，作成者に質問しながら，問題解決をし，問題が適切な内容になっているかを確認します。また，早く解き終わっ

た生徒には，他の人のまとめカードを確認させ，様々なまとめ方を共有します。教師は，グループ内の全員が問題を解き合えるように，一人一人の問題を解く時間と答え合わせの時間に分け，タイムマネージングをします。

▊「自己評価・相互評価」について

(1)相互評価

　他の人の作成したまとめカードを見て，「何がわかったか」，「どこに工夫があったか」，「どのようにすれば，もっとわかりやすくなるのか」の３つの項目で，お互いのまとめカードについて「ロイロ」を使って，評価をしました。評価したものは，

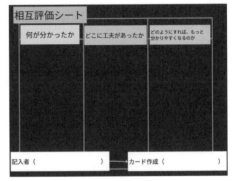

「ロイロ」の送る機能を使って，その場ですぐに共有します。また，この相互評価を行うことで，自分のまとめ方との違いを把握し，他の人がどのように学習のまとめを行うのかを改めて振り返ることができます。他の人のまとめ方を学ぶ手段として，相互評価を活用しました。

(2)学習の振り返り

　生徒に今回の課題学習の振り返りを「ロイロ」を使って行います。送られてきた相互評価を基に，この課題学習を通して，何がわかるようになり，何が変わったのかを各自で振り返らせます。さらに今後，学習のまとめを行う際に，どのようなまとめ方をするのがよいかを，他の人がつくったまとめカードを見ながら考えさせます。深く理解するためには学習を振り返ることが大切で，そのために自分に合った振り返り方やまとめ方を学ぶ機会を今後も継続してつくっていくことが大切だと感じています。

円錐の側面積を簡単に求める方法について振り返って検討しよう

▌課題

> 　円錐の側面積を簡単に求める方法について，具体的な問題から帰納的に考え，文字式を用いて説明しよう。

　小学校で立体図形として扱ってきたものを，中学校では空間図形，すなわち，空間における線や面の一部を組み合わせたものとして扱います。また，図形の性質や関係を直感的に捉え論理的に考察する力を養うために，観察や操作，実験などの活動を通して図形を考察することも大切です。

　単元の前半部分では，具体的な立体を角錐や円錐などに分類したり，投影図について学習したりします。また，正多面体について，面の形や辺の数，頂点の数の関係について学習します。そして，空間における位置関係について理解を深めます。

　後半部分では，立体の展開図やおうぎ形について理解を深めたり，おうぎ形の弧の長さと面積の求め方を考察し，表現したりします。また，柱体や錐体，球の表面積や体積の求め方を考察し，表現します。

　本時における円錐の側面積や表面積を求める場面では，円錐の展開図をかき，側面の展開図がおうぎ形になり，側面積を求めるにはおうぎ形の中心角の大きさがわかればよいことを確認します。そして，底面の円周とおうぎ形の弧の長さが等しくなることに着目して，中心角の大きさを求めていきます。このように，展開図などを用いて筋道立てて説明することを通して，論理的に考察し，表現します。

■ 指導計画／本時の目標と評価規準／本時の実践例

(1)指導計画

時	学習内容	評価
1	具体的な立体を，角錐や円錐などに分類する。	知
2	投影図の意味を理解し，投影図をかいたり，投影図から立体の性質を読み取ったりする。	知思
3	正多面体について，面の形や辺の数，頂点の数の関係について理解する。	知思
4	平面の決定条件を理解する。	知
5	空間における直線と直線，直線と平面，平面と平面の位置関係について理解する。	知
6	空間における点と平面との距離，平行な2平面の距離について理解する。	知
7	回転体について理解する。	知
8	立体の展開図やおうぎ形について理解する。	知
9	角柱や円柱の表面積の求め方を考察し，表現する。	知思
10	円の面積と円周の長さを，πを用いて表す。	知
11	おうぎ形の弧の長さと面積の求め方を考察し，表現する。	知思
12	円錐の側面積や表面積の求め方を考察し，表現する。	思態
13	球の表面積の求め方を理解する。	知
14・15	柱体や錐体，球の体積の求め方を考察し，表現する。	思
16	単元テストを行う。	知思

(2)本時（第12時）の目標と評価規準

　円錐の表面積の求め方について考察し，文字式を用いて表現することができる。

思考・判断・表現	主体的に学習に取り組む態度
円錐の表面積の求め方を考察し，表現することができる。	円錐の表面積の求め方について，問題解決の過程を振り返って検討しようとしている。

(3)本時（第12時）の実践例

> 次の(1)～(3)の円錐の側面積を求め，簡単に求める方法を予想しなさい。
>
> (1) 母線12cm，底面の半径5cm
>
> (2) 母線5cm，底面の半径3cm
>
> (3) 母線8cm，底面の半径4cm

　本時の学習課題では，(1)～(3)の条件で円錐の側面積を求め，求める過程や計算結果から，円錐の側面積を簡単に求める方法を予想させます。生徒は，「（円錐の側面積）＝（母線の長さ）×（底面の半径）×（円周率）」になるのではないかと予想します。そのことが全ての円錐で成り立つのかを考えさせていきます。

　基本的には，円錐の側面積を求める際には，側面積はおうぎ形であるということから，おうぎ形の面積を求める公式を活用します。その公式には，中心角が必要であるということから，【中心角を求めて側面積を導く方法】があります。この方法は，中心角を求めてからおうぎ形の面積を求めるので，2回の計算が必要になります。一方で，おうぎ形の中心角を求めなくても求めることができる方法があります。それは，【おうぎ形の弧の長さと面積が比例することを利用して側面積を導く方法】です。つまり，側面積のおうぎ形の半径（円錐の母線の長さ）と円錐の底面の半径の比を用いることで1回の計算で求めることが可能になります。これ以上，簡単に求める方法はないかを生徒とやり取りをすると，【おうぎ形の弧の長さと面積が比例することを利用して側面積を導く方法】の計算過程の中で，円錐の母線の長さ同士を約分する部分が必ず出てくることがわかります。

　そこで，最終的には，母線の長さと底面の半径を文字において，予想した「（円錐の側面積）＝（母線の長さ）×（底面の半径）×（円周率）」の式を求めることができることを証明していきます。

▌「自己評価・相互評価」について

(1)自己評価の方法

　「Google Classroom」から「Google フォーム」の課題を設定し，自己評価をしていきます。「Google フォーム」の課題は，下の表の評価の基準で自己評価を行います。また，「わかったこと」，「わからなかったこと」を振り返らせます。

評価	評価の基準
S	（円錐の側面積）＝（母線の長さ）×（底面の半径）×（円周率）になることについて，文字式を用いて証明することができる。
A	【中心角を求めて側面積を導く方法】と【おうぎ形の弧の長さと面積が比例することを利用して側面積を導く方法】の両方の方法で円錐の側面積を求めることができる。
B	【中心角を求めて側面積を導く方法】か【おうぎ形の弧の長さと面積が比例することを利用して側面積を導く方法】のどちらかで円錐の側面積を求めることができる。
C	円錐の側面積を求めることができない。

(2)自己評価後

　後日にポストテストを行います。そして，「Google フォーム」で集約した自己評価と今回のポストテストの結果を比較して，差異のある生徒やCの生徒に対して，個別指導に生かしていきます。

---

(1)　母線15㎝，底面の半径６㎝の円錐の側面積を【中心角を求めて側面積を導く方法】と【おうぎ形の弧の長さと面積が比例することを利用して側面積を導く方法】で求めなさい。ただし，計算過程も書くこと。

(2)　母線R㎝，底面の半径 r ㎝の円錐の側面積が π R r ㎠になることを説明しなさい。

比例と反比例の関係にある事柄を見つけ，問題と解説を作成しよう

▌課題

> 　身の回りで，比例と反比例の関係にある事象の問題を作成し，お互いに解き合い評価しよう。

　この課題学習は全2時間を使って行います。

　1時間目は，身の回りにおける比例と反比例の関係にある事象を生徒一人一人が考えます。そして，その事柄についての問題と解説を「PowerPoint」のスライドで作成します。

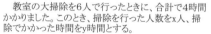

問題

　教室の大掃除を6人で行ったときに、合計で4時間かかりました。このとき、掃除を行った人数をx人、掃除でかかった時間をy時間とする。

(1) yをxの式で表しなさい。

(2) 掃除を10人で行ったとき、何時間と何分かかりますか？

　2時間目は4人で1グループをつくり，生徒が作成した問題をグループ内で解き合い，問題の解説を「PowerPoint」のスライドを使って行います。授業の流れは，まず1人の生徒が作成した問題を残りの3人の生徒が3分間で解き，その問題の解説を，問題を作成した生徒が行います。そして，問題を作成した生徒は作成した問題と解説について自己評価をし，問題を解いた生徒は，解いた問題と解説について評価を行います。

　これをグループの4人全員が順番に行います。

　そして，自己評価と相互評価の内容を踏まえ，各自振り返りを行います。

▌指導計画／本時の目標と評価規準／本時の実践例

(1)指導計画

時	学習内容	評価
1・2	関数の意味を理解し，関数の関係にある2つの数量を見いだし，表現する。変数や変域の意味を理解し，変域を不等号や数直線に表す。	知
3・4	変域を負の数に広げたときの比例の定義や比例定数を理解し，2つの数量の関係を表や式に表す。	知
5	座標の意味を理解し，点の座標を求め，座標に対応する点を示す。	知
6〜8	比例のグラフの特徴と式の求め方を理解し，比例のグラフをかき，式を求める。	知思
9・10	日常生活や社会の事象における問題を比例を利用して解決する。	思態
11・12	変域を負の数に広げたときの反比例の定義や比例定数を理解し，2つの数量の関係を表や式に表す。	知
13・14	反比例のグラフの特徴を理解し，反比例のグラフをかく。	知思
15	反比例の式の求め方を理解し，式を求める。	知思
16	日常生活や社会の事象における問題を反比例を利用して解決する。	思態
17	図形の問題を，比例を利用して解決する。	思
18・19	身の回りの，比例と反比例の関係にある事柄についての問題と解説を作成し，解き合い，お互いに相互評価を行う。	思態

(2)本時（第18・19時）の目標と評価規準

　作成した比例と反比例の関係にある問題と解説について，自己評価と相互評価をすることができる。

思考・判断・表現	主体的に学習に取り組む態度
作成した比例と反比例の問題について，スライドを使って解説をすることができる。また，評価基準を基に，適切に自己評価と相互評価を行うことができる。	作成した問題についての解説を意欲的に行おうとしている。また，自己評価と相互評価を通して，比例と反比例を利用した問題解決の過程を振り返って検討しようとしている。

(3)本時（第18・19時）の実践例

①身の回りにおける比例と反比例の問題作成

　身の回りにおける比例と反比例の関係にある事象を生徒一人一人が考えます。教科書やインターネット上にある内容を参考にさせ，比例と反比例の関係とみなされる事象を生徒に考えさせます。また，生徒は考えた事象が比例と反比例の関係とみなせることを確認するために，表，グラフ，式に表します。この表，グラフ，式を基に問題を考えます。問題の内容は，２つの変数を式で表すことを含め２つ以上の問題を作成することとします。問題は「PowerPoint」のスライドを使って作成します。

②解説作成

　生徒は作成した問題の解説を「PowerPoint」を使って作成します。解説のスライドは説明するための補助資料として生徒に作成させます。そのため，教師は文字の分量や文字の大きさなど見やすさについても生徒に考えさせ，アニメーションを取り入れるように指導します。このような活動を通して，プレゼンテーションスキルの育成を図ることができます。

③グループで問題の解き合い

　４人で１つのグループをつくり，１人の生徒が作成した問題を残りの３人の生徒が３分間で解きます。問題を解いている間，問題を作成した生徒は解答者たちがどこでつまずいているのか確認し，どこを重点的に説明すればよいか考えます。このように他の生徒たちが自分の作成した問題をどのように考えているかを知ることで，問題を多角的な視点で理解することができます。そして，問題を作成した生徒は事前に作成したスライドを活用しながら，解説を聞いている生徒たちが内容を理解できているか確認しながら解説を行います。解説後は，自己評価と相互評価を行い，この流れをグループの４人全員が順番に行います。このようなグループ学習の流れは問題解決に多角的な視点を加えることができ，自分の理解度を客観的に確認することができます。

▌「自己評価・相互評価」について

(1)自己評価・相互評価

　「PowerPoint」のスライドを使って解説をした生徒と，その解説を聞いた生徒が相互に評価を行います。評価方法は，スライドを使って1人1スライドずつ，解説をした生徒に対する評価を入力します。

```
相互評価      評価者（          ）
（1）問題設定について
　　□
（2）解説のわかりやすさ
　　□
（3）内容の正確性
```

　評価項目は，「問題設定について」，「解説のわかりやすさ」，「内容の正確性」の3つです。それぞれの評価基準に沿って3段階で評価し，その評価を付けた理由をコメントで入力します。

　自己評価や相互評価を通じて，自分の強みや改善点を見つけることができ，学習の効果を高めることができます。

　また，生徒が作成した評価内容を常に共有できるように，クラウドを活用し，共同編集で行います。共同編集で行うことで，作成途中でも他の人がどのような視点で評価を付けているかを知ることができ，評価の付け方を自分自身で学ぶことができます。

(2)個人の振り返り

　自己評価と相互評価の内容を基に，課題学習の振り返りを行います。振り返りでは，この学習を通して「比例と反比例」の内容についてどのように深めることができたかと，他者に上手に伝えるためにどのようなことに気を付けなければいけないのかを考えさせます。

　振り返りを通して，学習した内容について自分自身で整理し，改善点や今後の学習方針を立てさせることが重要です。

表,式,グラフについて
まとめたポスターを作成しよう

▌課題

> 比例と反比例について，それぞれの日常生活における事象例を考え，それに対応する表，式，グラフをまとめたポスターを作成しよう。

この課題学習は全4時間を使って行います。

1時間目は比例の小単元の学習後，各自で考えた比例の日常生活における事象の表，式，グラフを「PowerPoint」のスライドにまとめます。

比例のまとめ　（　）組（　）番　氏名（　　　　　　　）

【事象】

【表】	【式】	【グラフ】
x ... ... y	$y =$　　　$x=$　　のときyの値	

2時間目は反比例の小単元の学習後，比例同様に各自で考えた反比例の日常生活における事象の表，式，グラフを「PowerPoint」のスライドにまとめます。

グラフは「desmos」のグラフ描画アプリケーションを活用します。

3時間目は比例，反比例の単元最後のまとめとして，1，2時間目に作成したスライドを使って，比例と反比例の表，式，グラフについてまとめたポスターを「PowerPoint」で作成します。

4時間目はグループをつくり，お互いにまとめたポスターを発表し，評価し合います。その後，ポスターの修正と振り返りを行います。

■ 指導計画／本時の目標と評価規準／本時の実践例

(1)指導計画

時	学習内容	評価
1・2	関数の意味を理解し，関数の関係にある2つの数量を見いだし，表現する。変数や変域の意味を理解し，変域を不等号や数直線に表す。	知
3・4	変域を負の数に広げたときの比例の定義や比例定数を理解し，2つの数量の関係を表や式に表す。	知
5	座標の意味を理解し，点の座標を求め，座標に対応する点を示す。	知
6～8	比例のグラフの特徴と式の求め方を理解し，比例のグラフをかき，式を求める。	知思
9・10	日常生活や社会の事象における問題を比例を利用して解決し，事象から2つの数量の関係を表，式，グラフに表すことをレポートにまとめる。	思態
11・12	変域を負の数に広げたときの反比例の定義や比例定数を理解し，2つの数量の関係を表や式に表す。	知
13・14	反比例のグラフの特徴を理解し，反比例のグラフをかく。	知思
15	反比例の式の求め方を理解し，式を求める。	知思
16・17	日常生活や社会の事象における問題を反比例を利用して解決し，事象から2つの数量の関係を表，式，グラフに表すことをレポートにまとめる。	思態
18	図形の問題を，比例を利用して解決する。	思
19・20	比例と反比例の表，式，グラフについてまとめたポスターを作成し，相互評価を行う。	思態

(2)本時（第19・20時）の目標と評価規準

作成した比例，反比例のポスターについて相互評価を行い，比例と反比例の学習を振り返ることができる。

思考・判断・表現	主体的に学習に取り組む態度
比例と反比例の表，グラフ，式を関連付けて考え，表，グラフ，式についてまとめたポスターを作成し，他者のポスター内容を適切に評価することができる。	比例と反比例の表，グラフ，式の特徴を考え，それぞれを関連付けて考えようとしている。また，まとめたポスターを基に，意欲的に発表を行おうとしている。

(3)本時（第19・20時）の実践例

①比例と反比例のポスター

　第10時と第16時に作成したレポートを使って，比例と反比例のポスターを作成します。ポスターを作成する前に教師は生徒に作成させた2つのレポートの内容を確認し，生徒にフィードバックします。

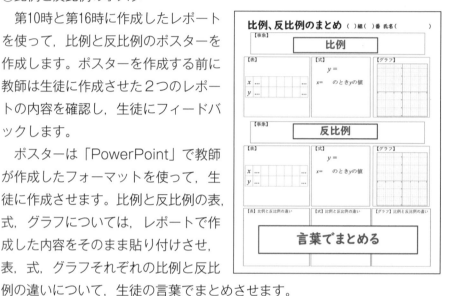

　ポスターは「PowerPoint」で教師が作成したフォーマットを使って，生徒に作成させます。比例と反比例の表，式，グラフについては，レポートで作成した内容をそのまま貼り付けさせ，表，式，グラフそれぞれの比例と反比例の違いについて，生徒の言葉でまとめさせます。

　このポスターをまとめることで，表，式，グラフを関連付けて変化や対応の特徴がどこで，どのように表されているか振り返ることができます。また，比例と反比例を1つにまとめ比較することで，それぞれの特徴と違いを考えることができます。

②ポスター発表

　作成したポスターを基に，5〜6人のグループで発表します。作成したポスターをグループ内全員のタブレット上で共有して，発表を行います。発表の内容は，表，式，グラフの関連や比例定数の数値が何を表しているかと比例と反比例の違いについて説明します。この発表とポスターの内容をお互いに評価し合います。相互評価した内容はすぐに共有し，生徒はその相互評価の内容を基に修正を行います。完成したポスターは，「思考，判断，表現」の記録としての評価材として扱いました。

▌「自己評価・相互評価」について

⑴ポスター発表の相互評価

　「Forms」を使って相互評価を行います。評価基準に沿って４段階評価とコメントを入力します。評価基準は「Ａ：式，表，グラフの関連をわかりやすくまとめ，比例と反比例の特徴の違いを適切にまとめている」，「Ｂ：式，表，グラフの関連をまとめ，比例と反比例の特徴の違いをまとめている」，「Ｃ：式，表，グラフをそれぞれまとめ，比例と反比例の特徴をまとめている」，「Ｄ：Ｃが満たされていない」に設定します。また，コメントはどのように修正すればよりよい内容になるか入力させます。生徒にコメントを考えさせることで，評価基準の理解を深めるとともに根拠を基に評価することができるようになります。このような活動を通して，メタ認知能力の育成を期待しています。

⑵ポスター作成の途中共有

　ポスターは「PowerPoint」を使って作成します。「PowerPoint」では共同編集で設定をして，いつでも他の人の作成途中のポスターを見ることができるようにします。途中共有をすることで作成している過程の中で，他の人の考えやまとめ方を知ることができます。ただし，途中共有のルールとして，コピーや他の人の内容を丸写ししないことを設定します。ポスター作成の方法を各自のタイミングで他の人の作品を見て学べるように工夫をしています。

⑶ポスター掲示

　完成したポスターは印刷し，廊下に掲示します。ポスターをタブレット上で見るだけでなく，ポスターを掲示することで，生徒は多くの生徒のポスターを日常生活で見ることができます。

ランドルト環に含まれる関数関係について
考察し，表現しよう

▌課題

> 比例や反比例などのいくつかの関係を組み合わせて未知の値を求めよう。

　比例・反比例の学習は，日常生活において数量間の関係を探究する基礎となる単元です。本単元では，一般的，形式的に流れることなく，具体的に事象を考察することを通して，関数関係を見いだし，考察し，表現することができるようになることが求められています。

　比例・反比例に関わる日常の事象は数多くあります。日常の事象の中には，厳密には比例，反比例ではないが，ある問題を解決するために比例や反比例とみなして結論を得ることがあります。今回は，視力検査の際に必ず見たことがある「ランドルト環」に潜む関数の関係について学習します。ランドルト環の一番外側の直径（外直径）や内側の直径（内直径），すき間の長さなどを定規で実測します。このとき，実測した数値は定規で測っているので多少の誤差は生じるので，理想化したり単純化したりします。次に，外直径，内直径，すき間の長さのそれぞれの数量の関係を表やグラフに表し，式までまとめていきます。組み合わされる2つの数量の関係が比例や反比例になっていると気付くことができます。そして，組み合わされる2つの数量関係において，変化や対応の様子に着目することで範囲を広げて予測できるようになります。このように，日常の事象を理想化したり，抽象化したりして数学の舞台にのせ，事象に潜む法則を見つけたり，見いだした性質を発展させたりする活動などを通して数学を学ぶことを重視することは大切です。

▌指導計画／本時の目標と評価規準／本時の実践例

(1)指導計画

時	学習内容	評価
1	変数，変域，関数の意味を理解する。	知
2・3	変域を負の数の範囲まで拡張し，比例の意味を理解し，比例の特徴を表，式から見いだすとともに，比例定数が負の数の場合もあることを理解する。	知思
4	対応する1組の x，y の値から，比例の式を求める。	知
5	座標の意味を理解し，座標の考え方を基に比例のグラフをかく。	知
6・7	変域を負の数の範囲まで拡張し，反比例の意味を理解し，反比例の特徴を表，式から見いだすとともに，比例定数が負の数の場合もあることを理解する。	知思
8	対応する1組の x，y の値から，反比例の式を求める。	知
9	座標の考え方を基に反比例のグラフをかく。	知
10・11	具体的な問題を解決するために，比例や反比例のグラフを活用する。	思態
12・13	ランドルト環に関する問題を解決するために，事象における2つの数量関係を比例や反比例とみなし，考察し，表現する。	思態
14	単元テストを行う。	知思
15	テスト問題を活用した新たな問題をつくり，考察し，表現する。	思態

(2)本時（第12・13時）の目標と評価規準

　ランドルト環の視力と隙間と直径の関係を考察し，導き出した関係の問題解決の過程を相互評価し，振り返ることができる。

思考・判断・表現	主体的に学習に取り組む態度
ランドルト環の視力と隙間と直径から比例や反比例の関係を捉え，考察し，表現することができる。	ランドルト環の視力と隙間と直径から比例や反比例の関係を捉え，考察し，相互評価し問題解決の過程を振り返ろうとしている。

⑶本時（第12・13時）の実践例

> 視力検査をしようとしていたら機械が壊れてしまい，保健室の先生は困っていた。何か代わりになるものがないかと探していたら，昔使っていた大きさの異なる「0.1」，「1.0」，「1.5」の図が見つかった。A，B，C，Dの判定を測るためには，どうすればよいだろうか。

　本時の学習課題から，視力検査のA，B，C，Dの判定を決めるには何が必要か説明し，残り「0.7」と「0.3」の図がわかればよいことを確認します。そこで，「0.1」，「1.0」，「1.5」の図を用いて「0.7」と「0.3」の図をつくるにはどのようにすればよいかを考えさせます。

　生徒とのやり取りの中で，それぞれのランドルト環の外直径，内直径，すき間の長さには何か関係性はないのか考えさせます。そして，定規で実測させ，表やグラフにまとめさせていきます。理想化や単純化された数値によって比例や反比例の関係になっていることに気付きます。例えば，視力とすき間の長さの関係は反比例になっていたり，すき間と外直径の長さの関係は比例になっていたりします。これらを活用すると「0.7」と「0.3」の図をつくるためのランドルト環の外直径，内直径，すき間の長さを求めることができます。つまり，その長さに基づいた図をかいて保健室の先生に渡せば今回の学習課題の解決は達成することができます。

　しかし，保健室の先生は，「実は『1.0』の図だけあれば測ることができる」とだけ，みんなに伝えます。なぜ，「1.0」の図だけで測ることができるのかを考えさせていきます。すると，視力の図と距離には関数の関係はないか気付きます。「1.0」の図を5mの距離で見えたときに視力の結果は「1.0」となり，「1.0」の図を10mの距離で見えたときに視力の結果は「2.0」となります。つまり，視力の図と距離には比例の関係があることを理解させます。

　最後に，マサイ族のある人は視力の結果が「8.0」であることを伝え，どのようにして測ればよいかをいろいろな方法で考えさせます。

▌「自己評価・相互評価」について

(1)相互評価の方法

　「8.0」の視力を測るためにはどのようにすればよいかを今回の学習課題を振り返りながら，各グループで「Google スプレッドシート」にまとめさせていきます。このとき，図は，「0.1」，「0.3」，「0.7」，「1.0」，「1.5」があることを確認します。そして，必ず日常生活と照らし合わせながら考えさせていきます。場所に着目させて，「教室内」，「廊下」，「校庭」で測る場合にどのようにすればよいかを考えさせます。グループで場所を設定し，その場所でどの図を用いて，何m離れて活用すればよいか考えさせます。1つの考えで終わるのではなく，多様な考え方が出てくるとより深い学びにつながります。

　他のグループの考えが正しいかを吟味していきます。実際に，その「場所」に対して，その「図」と「使い方」，「数値」は適切かどうかを吟味していきます。

1班			「8.0」の視力を測るための多様な方法	
	場所	使った「図」	使い方	吟味
方法1				
方法2				
方法3				
方法4				
方法5				
方法6				
方法7				
方法8				
方法9				

(2)自己評価の方法

　相互評価から自分自身の問題解決の過程を振り返るために，「8.0」を測るのでなく，他の視力を測る場合はどうすればよいかを自分自身で決めて考えます。「8.0」を測る方法だけを理解するのではなく，いろいろな視力を測ることができるようにします。例えば，「2.0」から「8.0」の間の視力を測る方法を考えたり，「0.1」より低い視力を測る方法も考えたりすることも今回の学習が理解できたかどうかにつながります。また，この際にも「教室内」，「廊下」，「校庭」という場所を意識させることがとても大切です。

テスト問題の条件を変更した
問題づくりによって振り返ろう

▌課題

> 　単元テストの問題の条件を変更し，新たな問題をつくり，問題解決の過程を振り返ろう。

　比例・反比例の単元の総括的評価をするために，前時では，単元テストを行います。この単元テストでは，主に「知識・技能」と「思考・判断・表現」の評価観点で評価を行います。ここで，「主体的に学習に取り組む態度」の総括的評価の1つとして，単元テストの問題の条件を一部変更した新たな問題をつくり，「比例を活用した問題解決の過程を振り返って検討しようとする態度」の評価を行います。本時では，単元テストの問題を一部変更する方法として，「問題の条件は変えずに，数値を変更」します。この考えは，「中学校学習指導要領解説　数学編」に記載されている新しい知識を得る視点から，「問題解決の過程を振り返り，本質的な条件を見いだし，それ以外の条件を変えること」を参考にします。数値だけの変更は，テスト問題と同様の求め方を参考にすることができるので自分自身の問題解決の過程を振り返る際には有効です。ただし，数値の変更は，日常生活や社会の事象として正しいかどうか吟味することが大切です。例えば，数値を変えたときに，「歩く」速さや「自転車」の速さが実際の生活と照らし合わせて適切かどうかを判断することが大切です。また，変更する数値や求める数値によっては，整数や自然数に着目することも大切です。つまり，単純に数値を変えるだけでは，正しい問題をつくることができません。

▍指導計画／本時の目標と評価規準／本時の実践例

⑴指導計画

時	学習内容	評価
1	変数，変域，関数の意味を理解する。	知
2・3	変域を負の数の範囲まで拡張し，比例の意味を理解し，比例の特徴を表，式から見いだすとともに，比例定数が負の数の場合もあることを理解する。	知思
4	対応する1組の x, y の値から，比例の式を求める。	知
5	座標の意味を理解し，座標の考え方を基に比例のグラフをかく。	知
6・7	変域を負の数の範囲まで拡張し，反比例の意味を理解し，反比例の特徴を表，式から見いだすとともに，比例定数が負の数の場合もあることを理解する。	知思
8	対応する1組の x, y の値から，反比例の式を求める。	知
9	座標の考え方を基に反比例のグラフをかく。	知
10・11	具体的な問題を解決するために，比例や反比例のグラフを活用する。	思態
12	ランドルト環に関する問題を解決するために，事象における2つの数量関係を比例や反比例とみなし，考察し，表現する。	思態
13	単元テストを行う。	知思
14	テスト問題を活用した新たな問題をつくり，考察し，表現する。	思態

⑵本時（第14時）の目標と評価規準

テスト問題の数値を正しく変更し，テスト問題と同様の求め方を参考にして問題解決の過程を振り返って検討することができる。

思考・判断・表現	主体的に学習に取り組む態度
比例を用いて，道のり・時間・速さの関係を捉え，考察し，表現することができる。	比例を活用した問題解決の過程を振り返って検討しようとしている。

　　A君とB君が同時に学校を出発して，学校から 5400m 離れた駅まで，それぞれ一定の速さで，A君は歩いて，B君は自転車に乗って行った。グラフは，2人が学校を出発してから x 分後に，学校から y m離れた地点にいるとして，2人の進んだようすを，途中の 1800m 地点までグラフに表したものである。

(1)　B君が駅に着いたとき，A君は学校から何m離れた地点にいるか求めよ。

(2)　2人の距離が 2436m になるのは，学校を出発してから何分何秒後か求めよ。

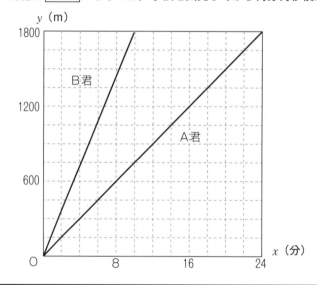

　　上記の単元テストの問題の数値を変更して新たな問題をつくります。数値を変更する部分は，1行目の「5400m」，4行目の「1800m」，(2)の「2436m」になります。また，問題文の数値が変更されるので，それに伴ってグラフも変更になります。ただし，問題文の2カ所の数値を変更することで，それに伴うグラフも変更になりますが，(2)の問いの数値もあわせて考えていかなければなりません。(2)の答えは，何分何秒後になるので，そのような解答になるように(2)の問いの数値も考えていく必要があります。

　　新たな問題をつくるポイントとして，大切にすべきことが2つあります。

1つ目は，実生活と数値が正しいかどうかです。特に今回の場合は，「秒速」，「分速」，「時速」について正しく理解をして，実生活の数値と合うように変更していきます。2つ目は，問題として成立するかどうかです。問題として成立しない問題をつくってはいけません。この2つのポイントを意識して問題づくりには取り組ませるようにします。

▌「自己評価・相互評価」について

相互評価する上で，生徒が評価する基準を揃えることが大切です。今回の授業においては，数値に着目して変更しているので，問題や解答が適切かどうかを判断の基準として考えます。評価の例は下記のような表になります。

評価	思考・判断・表現	主体的に学習に取り組む態度
「十分満足できる」状況（A）	条件を変更して新たな問題をつくり，問題や解答が適切かどうか検討することができた。	条件を変更して新たな問題をつくろうとし，粘り強く考え，問題や解答が適切かどうか検討しようとした。
「おおむね満足できる」状況（B）	条件を変更して新たな問題をつくることができた。	条件を変更して新たな問題をつくろうとした。
「努力を要する」状況（C）	おおむね満足できると判断される状況に達していないもの。	

生徒は，それぞれ条件を変更した新たな問題とその解答を写真に撮り，「Google チャット」に投稿します。そして，上の表の基準で友達の新たな問題の評価をしていきます。これらの学習を通して，問題解決の過程を振り返ったり，正しく問題解決ができているか検討したりすることにつながります。

生徒のデータから傾向を読み取り，
レポートにまとめよう

▌課題

> 中学1年のデータの利用で，自分が知りたいテーマで同学年の生徒にアンケートを取り，そのデータから傾向を読み取り，レポートにまとめよう。

この課題学習は全3時間を使って行います。

1時間目は，グループで調べたいと思う身の回りの事象を決め，Formsで同学年の生徒に取るアンケートを作成する。テーマはアンケートを取るため同学年の生徒に関わる内容にすること，必ず階級が取れるアンケートにすることとします。例えば，「好きな教科調査」や「好きな給食調査」など，固有名のアンケートは階級が取れないので，このようなテーマにしないことを条件とします。

作成したアンケートはURLのリンクをまとめたものを「Teams」で共有し，次回の授業までに各自生徒がアンケートに答えることを家庭学習の課題とします。

2時間目は，アンケートの結果を基に，生徒各自で度数分布表やグラフに表し，範囲や代表値を求め，考察をしたものをレポート（ポスター）にまとめます。

3時間目は，異なるテーマ同士でグループをつくり，お互いにまとめたレポートを発表し合います。その後，発表を受けた相手に「Teams」を使って相互評価を行い，再編集と振り返りを行います。

レポート内容を一定期間掲示し，投票を行います。

■ 指導計画／本時の目標と評価規準／本時の実践例

(1)指導計画

時	学習内容	評価
1	範囲や度数分布表の必要性と意味を理解し，データを整理し，傾向を読み取る。	知
2	ヒストグラムや度数分布多角形の意味を理解し，データの分布の傾向を読み取る。	知
3	相対度数の意味を理解し，2つのデータの分布の傾向を比べて読み取る。	知
4	累積度数，累積相対度数の意味を理解し，グラフからデータの分布の傾向を読み取る。	知
5	度数分布表を基にして代表値を求める方法を理解し，それらの特徴について考え，データの分布の傾向を読み取る。	知思
6	多数の観察や多数回の試行の結果に基づく相対度数を基にして，起こりやすさの程度について理解する。	知
7	確率について理解し，実験回数を増やしたときの相対度数の変化について考え，確率を求める。	知
8	身の回りの事象の中で調べたいテーマを決め，アンケートを作成する。	知思
9	アンケート結果を基に，データの利用レポートを作成する。	思
10	作成したレポートを基に発表をし，学習を振り返る。	思態

(2)本時（第10時）の目標と評価規準

作成したレポートを相互評価し，問題解決の過程を振り返ることができる。

知識・技能	思考・判断・表現	主体的に学習に取り組む態度
身の回りの事象における問題の解決に，データを利用できることを理解し，データを基にして，度数分布表やグラフに表したり，範囲や代表値を求めたりすることができる。	身の回りの事象における問題の解決に「問題－計画－データ－分析－結論」の過程に基づき，まとめたレポートの内容を発表することができる。	まとめたレポートを基に，意欲的に発表を行い，問題解決の過程を振り返って検討したり，批判的に考えたりしようとしている。

⑶本時（第10時）の実践例

①レポートの発表

　作成したレポートを基に発表を行います。異なるテーマ同士で４～５人のグループをつくり，「調査の目的」，「結果」，「考察」，「感想」の４つのテーマをまとめたレポートの発表をしました。作成したレポートを発表することで，思考過程を言語化し表現することで，客観的に内容を振り返ることができ，より深い理解につながります。

　発表を聞いている生徒には，特に「考察」の内容が適切であるかに注目し，考えるように教師が声かけをしました。その発表後，質問を含めた相互評価を行い，その相互評価を基に発表者は修正を行います。統計的な問題解決とは，「問題－計画－データ－分析－結論」の５つの段階を経て問題を解決することです（※１）。今回のレポートでは，「調査の目的」に「問題」，「アンケート作成」に「計画」，「結果」に「データ」，「考察」に「分析」と「結論」，「感想」には「新たな問題解決の発見」と各段階と対応するようにレポートを作成させました。この一連の学習の流れを通して，他者からの意見を加えながら修正を行い，それぞれの統計的な問題解決の段階を相互に関連付けて学習をまとめていくことが大切です。

②学習の振り返り

　この課題学習の振り返りは，レポートの「感想」に，この課題学習を通して「さらに調べたいことは何か」をまとめさせました。そして単元の振り返りは「Teams」を使って行います。単元を通して，「何がわかったか」，「何が変わったのか」，「問題を解決するために，どのような過程が必要か」を考えさせます。そのために，今回の課題レポートを１つ取り上げて，どのような流れで学習を行い，どのようにレポートをまとめたかを全体で共有し，各自で振り返ることができるように工夫しています。この振り返りを行うことで，問題を解決するための思考過程を把握することができ，問題解決能力の基盤の育成につながります。

③ソフトの活用

　アンケート調査後に，代表値を求めたり，度数分布表やヒストグラムにまとめたりすることに時間が取られすぎてしまい，分析や結論を十分に考える時間が取れないといったことがないように，ソフトを活用しました。代表値を求めたりするときは「Excel」を使い，度数分布表やヒストグラムを作成する場合は「SGRAPA」グラフ作成ソフトを使いました。「SGRAPA」はデータを入力するだけで，すぐにグラフが完成され，さらに階級も自分で簡単に調整することができます。

▌「自己評価・相互評価」について

⑴レポート発表の相互評価

　「Teams」を使って相互評価を行います。評価基準に沿って３段階評価とよかった点と改善が必要な点，または質問を行います。その内容を基に各自でデータから分析を行い，よりわかりやすいレポートを作成します。

⑵レポート作成の途中共有

　レポートは「コラボノート」を使って作成します。「コラボノート」では協働学習モードに設定をして，いつでも他の人の作成途中のレポートを見ることができるようにします。共有することで作成している過程の中で，よりわかりやすいレポートについて考え，意見交換することができます。レポートの作成の仕方を各自で見て学べるように工夫をしました。

⑶レポート掲示に投票

　完成したレポートを廊下に掲示し，学年ベスト３を決めました。一定期間掲示し，「Forms」を使って生徒に投票をさせました。人気投票等にならないためにも，投票を行う上でレポート発表の相互評価で基準にした評価基準を再度示しました。

〈参考文献〉
※１　文部科学省（2017）「中学校学習指導要領（平成29年告示）解説　数学編」p.91

階級の幅を変えることで
ヒストグラムの必要性と意味について理解しよう

▌課題

> 「スプレッドシート」を用いて，ヒストグラムの幅を変え，階級の異なる複数
> のヒストグラムを比較し，検討しよう。

　1時間目は，小学校の復習も兼ねて，平均値，中央値，最頻値などの代表
値を用いて2つの集団の傾向を比較し，統計的に考察したり表現したりしま
す。2時間目は，データの最小値・最大値から範囲について活用したり，度
数分布表に整理したりしてデータの散らばりの様子を調べます。本時におけ
る3時間目は，ヒストグラムの必要性と意味について学習し，階級の幅の異
なる複数のヒストグラムを比較し，検討します。ヒストグラムは，量的なデ
ータの分布の様子を捉えることができます。データをいくつかの階級に分け，
ある階級に属する度数を明らかにすることで，全体の形，左右の広がりの範
囲，山の頂上の位置，対称性，極端にかけ離れた値（外れ値）の有無など，
直観的に捉えやすくなります。ただし，ヒストグラムからデータの分布の傾
向を読み取る場合に，階級の幅の設定の仕方に注意が必要です。なぜなら，
同じデータであっても階級の幅が異なるだけでヒストグラムから読み取るこ
とができる傾向が異なる場合があるからです。したがって，ヒストグラムか
らデータの傾向を読み取る場合，その目的に応じてデータの分布の傾向を的
確に読み取ることができるように，階級の幅が異なる複数のヒストグラムを
つくり検討することが大切です。4時間目以降は，統計的な手法を用いて，
身の回りのデータの傾向を読み取り表現する学習をしていきます。

■ 指導計画／本時の目標と評価規準／本時の実践例

(1)指導計画

時	学習内容	評価
1	2つの集団の傾向を比較する方法を考えることを通して，代表値とその特徴について振り返る。	知
2	データの範囲や最大値・最小値の意味を理解したり，度数分布表に整理したりして，その分布の様子を調べる。	知
3	階級の幅の異なる複数のヒストグラムを比較し，検討する。	知態
4	度数分布表を基にして，ヒストグラムや度数折れ線をかき，データの傾向を読み取る。	知
5	相対度数や累積度数，累積相対度数について理解し，それを使って2つの集団の傾向を比べる。	知思
6	多数回の実験結果を基に得られる確率の必要性と意味を理解し，不確定な事象の起こりやすさの傾向を読み取る。	知態
7・8	身の回りのデータから，その傾向を読み取る。	思態
9	度数分布表で，階級値を用いてデータの平均値を求める。	知
10・11	テーマを決めてデータを収集・整理して傾向を読み取り，レポートを基にして説明し伝え合う。	思
12	具体的な問題を解決するために，相対度数を確率とみなして意思決定する。	思
13	単元テストを行う。	知態

(2)本時（第3時）の目標と評価規準

階級の幅が異なる複数のヒストグラムを比較し，検討しようとする態度を身に付けることができる。

知識・技能	主体的に学習に取り組む態度
階級の幅が異なるヒストグラムの必要性と意味を理解している。	階級の幅が異なるヒストグラムを比較し，検討しようとしている。

(3)本時（第３時）の実践例

　下の図は昨年度のある中学校１年生のハンドボール投げのデータである。体育の先生は，これから行われる体力テストのハンドボール投げで，今年度の１年生の「ボール回収係」の生徒１人が，効率よくボールを回収できるように，何m付近に立っていればよいか指示をしようと考えている。体育の先生にどのようなアドバイスをすればよいだろうか。

12	15	15	24	19	14	15	22	12	25	7	12	14	12	8	7	18	10
17	15	29	11	9	14	10	16	19	19	9	11	14	8	14	7	8	9
14	18	14	9	17	19	21	10	19	21	7	11	11	7	7	6	8	13
9	14	7	6	18	15	14	8	20	13	10	7	14	11	14	6	13	12
17	21	17	10	12	14	10	25	22	18	5	13	9	13	9	5	7	5
18	21	8	10	12	17	12	14	18	14	6	11	10	8	10	8	7	8
12	15	18	10	8	14	12	14	15	7	8	9	6	12	6	8	16	
18	11	9	18	14	14	10	16	24	8	15	10	5	10	8	9		
17	10	19	25	14	6	7	9	6	11	14	8	10	9	6	15		
14	22	7	23	13	5	8	9	8	9	14	10	5	9	9	10	13	7

（単位m）

　本時では，ハンドボール投げのデータからどのようにして学習課題を解決すればよいか考えさせます。生徒とのやり取りから，ボールがたくさん落ちる位置の付近に立てばよいのではないかと確認し，ヒストグラムを用いて分布の様子を把握していきます。その際，「Google スプレッドシート」を活用してヒストグラムを作成し，考察していきます。ヒストグラムを作成するときには，階級の幅を変えることによって分布の様子がどのように変わるか確認していきます。そして，どの階級の幅で表したヒストグラムが，ボールがたくさん落ちる位置についてわかりやすいかを試行錯誤して決定し，それらを根拠にしてアドバイスを考えていきます。

　学習課題には，「効率よくボールを回収」と書いてありますが，効率よくボールを取りにいけると思う範囲はそれぞれ異なります。よって，多様な考察ができたり，回収係が１人ではなく２人だったらと考えを深めたりすることができ，比較し，検討することができます。

▐「自己評価・相互評価」について

(1)相互評価の方法

　「Googleチャット」に次のような階級の幅を2m，3m…に変えたヒストグラムを投稿します。そして，生徒は，根拠となるヒストグラムが投稿されているスレッドに自分の考えを返信します。

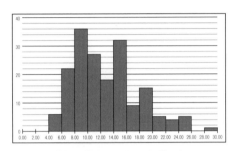

階級の幅2mのヒストグラム

　例えば，階級の幅が2mのヒストグラムを選んだ場合は，「12m付近に立つように指示をするのがよいと考える。なぜなら，8m以上12m未満の階級に多くの人が集まっており，移動の範囲もそれほど広くはならないから」などの返信が考えられます。また，階級の幅が3mのヒストグラ

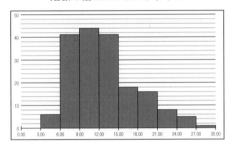

階級の幅3mのヒストグラム

ムを選んだ場合は，「15m付近に立つように指示をするのがよいと考える。なぜなら，6m以上15m未満の階級に120人以上集まっており，ボールが後ろに転がることも考えられるから」などの返信が考えられます。

　効率よくボールを取りにいけると思う範囲はそれぞれ異なるので，階級の幅が同じものを選んだとしても着目する視点が異なる場合があり，統計的な見方や考え方が深まります。

(2)相互評価後

　回収係が1人ではなく2人だったらと考えを深めていきます。その際，回収係が1人のときと比較し，再度，階級の幅を変え，試行錯誤しながら検討することが大切です。

どちらを選ぶかデータの傾向を読み取り，スライドにまとめよう

課題

> データの分布の傾向を読み取り，「スライド」にまとめ，問題解決の過程を振り返って，相互評価しよう。

　1時間目は小学校の復習も兼ねて平均値，中央値，最頻値などの代表値を用いて2つの集団の傾向を比較し，統計的に考察したり表現したりします。2時間目はデータの最小値・最大値から範囲について活用したり，度数分布表に整理したりしてデータの散らばりの様子を調べます。

　3時間目はヒストグラムの必要性と意味について学習し，階級の幅の異なる複数のヒストグラムを比較し，検討します。5時間目は相対度数や累積度数，累積相対度数について理解し，度数の異なる2つの集団の傾向を比較します。6時間目は多数の観察や多数回の試行によって得られる確率の必要性と意味を理解し，不確定な事象の起こりやすさの傾向を読み取ります。

　本時における7・8時間目は身の回りのデータから，その傾向を読み取り批判的に考察し，判断していきます。批判的に考察する視点としては，「どの代表値が根拠としてふさわしいか」，「分布の形に着目しているか」，「グラフの目盛りなどを加工して過度に誇張していないか」，「分析した結果から得られる結論が妥当か」などについて検討することが大切です。これらの視点を基によりよい解決や結論を見いだしていきます。本単元においては，身の回りの問題で，解決したい問題を見つけ統計的な問題解決の過程（PPDAC）を用いて考察できるようになることが大切です。

■ 指導計画／本時の目標と評価規準／本時の実践例

(1)指導計画

時	学習内容	評価
1	2つの集団の傾向を比較する方法を考えることを通して，代表値とその特徴について振り返る。	知
2	データの範囲や最大値・最小値の意味を理解したり，度数分布表に整理したりして，その分布の様子を調べる。	知
3	階級の幅の異なる複数のヒストグラムを比較し，検討する。	知態
4	度数分布表を基にして，ヒストグラムや度数折れ線をかき，データの傾向を読み取る。	知
5	相対度数や累積度数，累積相対度数について理解し，それを使って2つの集団の傾向を比べる。	知思
6	多数回の実験結果を基に得られる確率の必要性と意味を理解し，不確定な事象の起こりやすさの傾向を読み取る。	知態
7・8	身の回りのデータから，その傾向を読み取る。	思態
9	度数分布表で，階級値を用いてデータの平均値を求める。	知
10・11	テーマを決めてデータを収集・整理して傾向を読み取り，レポートを基にして説明し伝え合う。	思態
12	具体的な問題を解決するために，相対度数を確率とみなして意思決定する。	思態
13	単元テストを行う。	知態

(2)本時（第7・8時）の目標と評価規準

　データの分布の傾向を読み取り，スライドにまとめ，問題解決の過程を振り返って，相互評価することができる。

思考・判断・表現	主体的に学習に取り組む態度
データの分布の傾向を読み取り，批判的に考察し判断することができる。	ヒストグラムや相対度数などを活用した問題解決の過程を振り返って検討しようとしている。

⑶本時（第７・８時）の実践例

> あなたは，中学校の陸上部の監督です。学校代表の走り幅跳びの選手を１人選ばないといけません。下の選手Ａと選手Ｂのデータを見て，どちらの選手を選びますか。記録は，50回の練習のもので，記録が悪かった順に並べたものです。また，２人の50回の平均値は同じでした。

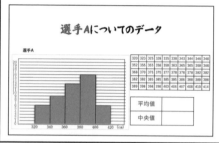
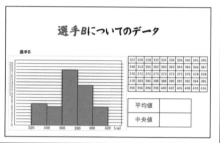

　本時では，選手Ａ，選手Ｂの走り幅跳びのデータを基に，どちらを学校の代表として選ぶかを統計的な手法を用いて考察し，「Googleスライド」にまとめていきます。

　次の生徒は，階級の幅を５cmにして度数折れ線にしてグラフに表しています。また，折れ線グラフだけではなく，「範囲」や「平均値」，「中央値」もグラフ上にわかるように表しています。これは，２年で学習する「箱ひげ図」の要素も含んでおり，分布の様子だけではなく，視覚的に代表値なども把握できるため，考察には有効的だと学級全体にも伝えました。

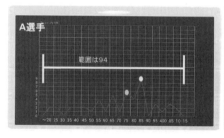
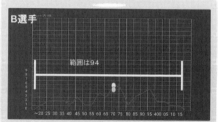

▎「自己評価・相互評価」について

⑴相互評価の方法

　4人グループで，自分の考えをまとめた「Google スライド」を用いて発表します。発表が終わったら，批判的に考察する視点を基に相互評価をしていきます。コメント欄には，なぜそのような点数で評価したのかを書くように伝えます。次は，相互評価するための共有された「Google スプレッドシート」です。

○班	名前	名前	名前
代表値や最大値，最小値は根拠として正しく使われているか。（1点〜5点）			
分布の形に着目して考察してあるか。（1点〜5点）			
グラフの目盛りなどを加工して過度に誇張していないか。（1点〜5点）			
分析した結果から得られる結論は妥当か。（1点〜5点）			
合計点数（20点満点）			
コメント			

⑵相互評価後

　授業終了後に，「Google Classroom」で課題を設定し，自分の考えをまとめた「Google スライド」を提出させます。また，相互評価するための共有された「Google スプレッドシート」を基に，総括的評価に生かしていきます。特に，「代表値や最大値，最小値は根拠として正しく使われているか」や「分析した結果から得られる結論は妥当か」の部分において，友達から低く評価されている生徒については，なぜそのような評価になったのかを教師は確認していきます。その際，生徒同士のコメント欄を参考にすることで，その生徒のつまずきを簡単に把握することにつながります。

さいころを6回投げるとき，
1の目が1回出ると言えるだろうか？

▍課題

> さいころを1000回投げると，1の目はどれくらい出るだろうか。

　急速に発展しつつある情報化社会において，多くの人が，様々なデータを手にすることができるようになっており，データを用いて問題解決する場面も多く見られるようになってきています。そこで，データを用いて問題解決するために必要な基本的な方法を理解し，これらを用いてデータの傾向を捉え説明することを通して，問題解決をする力を養うことができるようにする必要があります。そこで，令和3年度より中学校学習指導要領の全面実施に伴って，統計的な内容を充実させるために，「多数の観察や多数回の試行によって得られる確率」が2年から1年に移行されました。今回の移行によって，中学校の各学年で統計的なデータと確率を学習することで統計的に問題解決する力を次第に高めていくことができるように構成されています。

　数学の授業においては，確定した事象を取り扱うことが多いですが，日常生活や社会における不確定な事象も数学の考察の対象となり，その起こりやすさの程度を数値で表現し把握するために確率が必要となっています。本時においては，実際にさいころを多数回投げ，さいころの1の目が出る相対度数を100回ごとに記録し，折れ線グラフに表します。これを1000回まで続けていくうちに，一定の値（0.166666…）に近づくことを実感を伴って理解できるようにします。

■ 指導計画／本時の目標と評価規準／本時の実践例

(1)指導計画

時	学習内容	評価
1	2つの集団の傾向を比較する方法を考えることを通して，代表値とその特徴について振り返る。	知
2	データの範囲や最大値・最小値の意味を理解したり，度数分布表に整理したりして，その分布の様子を調べる。	知
3	階級の幅の異なる複数のヒストグラムを比較し，検討する。	知態
4	度数分布表を基にして，ヒストグラムや度数折れ線をかき，データの傾向を読み取る。	知
5	相対度数や累積度数，累積相対度数について理解し，それを使って2つの集団の傾向を比べる。	知思
6	多数回の実験結果を基に得られる確率の必要性と意味を理解し，不確定な事象の起こりやすさの傾向を読み取る。	知態
7・8	身の回りのデータから，その傾向を読み取る。	思態
9	度数分布表で，階級値を用いてデータの平均値を求める。	知
10・11	テーマを決めてデータを収集・整理して傾向を読み取り，レポートを基にして説明し伝え合う。	思態
12	具体的な問題を解決するために，相対度数を確率とみなして意思決定する。	思態
13	単元テストを行う。	知態

(2)本時（第6時）の目標と評価規準

　多数回の試行によって得られる確率の必要性と意味を理解することができる。

知識・技能	主体的に学習に取り組む態度
多数回の試行によって得られる確率の必要性と意味を理解している。	多数回の試行によって得られる確率の必要性と意味を考えようとしている。

(3)本時（第6時）の実践例

> さいころを6回投げるとき，1の目が必ず1回出ると言えるだろうか。

　本時の学習課題は，さいころを用意し，6回投げたとき，そのうち1回は1の目が出るかどうか調べると簡単に結論を出すことができます。実際に試行してみると，1回出る生徒もいれば，0回や2回以上出る生徒もいます。この結果から，この学習課題の結論は「1の目が必ず1回出るとは言えない」であることがわかります。では，0回だった生徒は，この後，さいころを何度投げても1の目は出ないのだろうか。また，2回出た生徒は，この後，同じように出続けるのだろうか。このように生徒に投げかけ，さいころを100回投げたら何回くらい1の目が出るのか予想させ，実際に試行させていきます。100回投げたところで，全体で確認し，1の目が出た数にばらつきがあることを確認します。そして，また，100回投げて1の目が何回出るか試行させます。これを100回ごとに記録し，1000回投げるまで続けます。最後に「Google スプレッドシート」に記入し，折れ線グラフもかいていき，どのように変化するか考察します。

　グループにおいて，記入された「Google スプレッドシート」を比べてみることにします。折れ線グラフの形は変わったとしても，ほとんどの生徒が1000回投げたときの1の目が出る相対度数は，0.16666…の値に近づいていることがわかります。また，100回ごとの記録で折れ線グラフをつくっていたものを，50回ごとの記録で折れ線グラフをつくりかえてみると折れ線グラフはどのような形になるか確認します。すると，試行回数が少ない部分は，0.16666…の値から外れてはいるが，試行回数が多くなるにつれて，やはり，0.16666…の値に近づいていることがわかります。ここで，学習を振り返ると，なぜ0.16666…の数値に近づくのかについて疑問をもつ生徒が多数出てきます。その生徒たちには，「起こり得るどの場合も同様に確からしいとき，多数回の試行によって得られる確率は，試行回数を増やすにつれて，場合の数を基にして得られる確率に近づくことが知られている」ことを伝え，詳し

くは，２年の確率の単元で学習することを確認します。

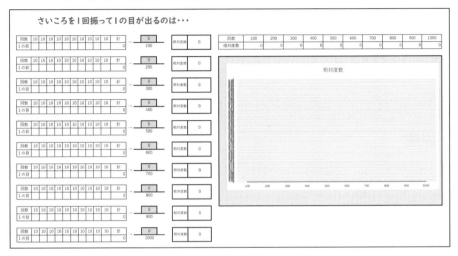

▌「自己評価・相互評価」について

　さいころを多数回投げる前
に，右の表の赤の部分に１の
目が何回出るか予想させます。
生徒は，回数を場合の数の６
で割った商を予想することが

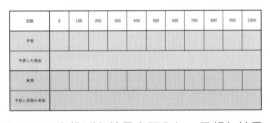

多いです。予想の後に，実際にさいころを投げた結果を記入し，予想と結果
を比較してみます。試行回数を増やすにつれて，回数を場合の数の６で割っ
た商に近づくことがわかり，多数回の試行によって得られる確率の必要性と
意味についての理解が深まります。

〈参考文献〉
・文部科学省（2017）「中学校学習指導要領（平成29年告示）解説　数学編」

式の計算のオリジナル問題と解説を作成し, 評価し合おう

▌課題

> 「Kahoot！」を使って，文字を用いた式の問題と解説を作成し，お互いの問題と解説を評価する。

　1時間目は，教育用ゲームのプラットフォームの「Kahoot！」を使って，グループごとで文字を用いた式の問題と解説を作成します。作成にあたり「単項式と多項式」，「多項式の加減法」，「単項式の乗除」，「多項式と数の計算」，「式の値」，「式の利用」，「等式の変形」の内容をグループ内で分担します。また，4つの選択肢から選ぶ形式の問題を作成し，その問題の解説は「PowerPoint」を使って作成し，画像として「Kahoot！」のスライドに取り込みます。生徒が作成した「Kahoot！」のスライド（問題と解説）はグループ内でお互いに解き合い，内容を確認し合います。それぞれの生徒が作成した「Kahoot！」のスライドはグループの代表生徒に送り，1つにまとめます。

　2時間目は，作成した「Kahoot！」を使って生徒全員でゲームを行います。ゲームを終えた後に，その問題と解説の内容について自己評価，相互評価を「Forms」で行います。そして，課題学習の振り返りを「Forms」を使って行います。この振り返りの内容を「主体的に学習に取り組む態度」の評価材，作成した問題と解説の内容を「思考・判断・表現」の評価材として扱いました。

■ 指導計画／本時の目標と評価規準／本時の実践例

(1)指導計画

時	学習内容	評価
1	単項式，多項式，次数の意味を理解する。	知
2・3	同類項の意味を理解し同類項をまとめ，多項式の加法，減法の計算の方法を理解し，その計算をする。	知
4・5	単項式と単項式との乗除法の計算の方法を理解し，その計算をする。	知
6	多項式と数との乗法や，多項式を数でわる除法の計算の方法を理解し，その計算をする。	知
7	式の値を求める方法を比較し，式を簡単にしてから数を代入して式の値を求める方法のよさを見いだし，説明する。	思
8	日常生活における問題を文字を使った式を利用して解決する。	思態
9・10	数の性質を調べるのに，文字を使った式を利用できることを理解し，文字を使って説明する。	知思
11	等式の性質や移項を使って，目的に応じて等式を変形する。	知
12	文字を用いた式の問題と解説を作成する。	知思
13	作成した問題と解説を「Kahoot！」を使って解き合い，相互評価をする。	思態

(2)本時（第12・13時）の目標と評価規準

　　作成したオリジナル問題と解説を「Kahoot！」を使ってゲームを行い，その内容について自己評価，相互評価することができる。

知識，技能	思考，判断，表現	主体的に学習に取り組む態度
整式の加法と減法及び単項式の乗法と除法の計算をすることができる。また，文字を使った式で数量及び数量の関係を捉え説明できることを理解している。	整式の加法と減法及び単項式の乗法と除法の計算の仕方を考え，スライドにまとめることができる。また，スライドを使って，わかりやすく説明することができる。	他の人が作成した文字を用いた式の問題を意欲的に解き，客観的にその問題と解説を評価しようとしている。また問題と解説の作成の過程を振り返って，評価・改善しようとしている。

⑶**本時（第12・13時）の実践例**

①「Kahoot！」のスライド作成の流れ

　生徒一人一人に配付されている Microsoft アカウントを使って，事前に「Kahoot！」の登録を済ませます。

　生徒は自分の「Kahoot！」で問題と解説を作成します。解説は「Kahoot！」の無料版だと書き込める範囲が限られているため，生徒は「PowerPoint」で作成し，画像として書き出しデータを「Kahoot！」のスライドに取り込みます。

　そして，グループ内で作成したスライドを確認し意見交換した後，代表生徒に各自が作成した「Kahoot！」のスライドを送ります。

　代表生徒はグループのメンバーから送られてきた「Kahoot！」のスライドを組み合わせ，１つにまとめます。このような方法で生徒に作成させることで，次時に行われる「Kahoot！」ゲームをスムーズに行うことができ，１年での実践（正負の数）より教師の負担も減らすことができます。

②問題づくりと解説づくりについて

　生徒が作成する問題は，４つの選択肢から選ぶ形式の問題とします。問題は「Kahoot！」のスライドで作成するため，必要に応じて画像を取り込むことができます。画像を取り入れることで問題の工夫の幅を広げ，発展的な内容の問題を作成できるようにします。

　解説は途中式を含め，生徒に問題を解く上で大切なポイントを中心にまとめさせます。問題を解くポイントをまとめさせることで，作成した問題の意図を再確認することができます。

　問題内容を深めるためには，解く人の立場で，客観的に物事を考える力が必要です。この問題づくりや解説づくりの活動により，数学的な見方・考え方を働かせながら，様々な視点に立って物事を考える力を育成していくことが大切です。

③「Kahoot！」ゲームの流れ

　第13時は，前時で生徒が作成した問題で「Kahoot！」を使って，ゲームを行います。「Kahoot！」のゲームは，問題と解説を交互に表示されるように設定します。解説の場面では，作成者が解説スライドを使って全体に説明をします。このように解説をスライドにまとめるだけでなく，まとめた内容を他者に説明することで，より深い理解につながります。

　「Kahoot！」を上手に活用することで，順位を競い合うゲームとしての面白さと，数学としての内容の面白さの両方を生徒に味わわせることができます。

▌「自己評価・相互評価」について

(1)自己評価・相互評価

　それぞれのグループが作成した問題を「Kahoot！」を使って，解き終わった後，自己評価と相互評価を「Forms」で行います。

　自己評価と相互評価とも評価観点は次の3つです。1つ目は「問題と解説の内容」，2つ目は「問題の難易度」，3つ目は「問題の工夫」です。これらについて生徒が3段階で評価します。

　「Forms」はすぐに集計し，生徒にフィードバックします。教師も評価し，生徒が評価した数値と比較することで，指導改善につなげることができます。

(2)学習の振り返り

　自己評価と相互評価の結果を基に，学習の振り返りを行います。

　この振り返りを通して，生徒自身で学んだことを整理させます。そのときに，この課題学習を始める前と終えたときの自身の変化を生徒に把握させることが重要です。そのため，事前に生徒一人一人に目標を立てさせ，目標に対しての振り返りを行うことができるように工夫します。

知識構成型ジグソー法で
連立方程式の利用の学習をしよう

▌課題

> 　中学2年の連立方程式の利用を3グループに分けて，グループごとで学習し，その学習した内容を互いに説明し合おう。

　この課題学習は全4時間を使って行います。事前に「代金」，「速さ」，「割合」の3グループに生徒を分け，自分の担当内容を各自で学習します（前章の1「学習時間の確保」反転学習）。

　1時間目は，同じ担当同士でグループ（エキスパートグループ）をつくり，各自学習した内容で理解できなかった点を共有し，解決します。その後，教師が用意した練習問題を解きます。

　2時間目は，担当の学習内容を「ロイロ」を使ってスライドにまとめ，説明の練習とオリジナル問題の作成をします。

　3時間目は，異なる担当同士でグループ（ジグソーグループ）をつくり，3グループがお互いの内容を説明し合います。

　担当時間は15分間ずつ設け，各自作成したスライドを使って説明し，説明した相手に練習問題を解かせながら，質問の対応をします（この内容をミニ授業とします）。その後，お互いに「ロイロ」を使って，相互評価し，自己評価を行います。

　4時間目は「代金」，「速さ」，「割合」の3つの例題を解かせ，全体で解き方の確認を行います。最後に自己評価と相互評価の内容を基に，各自の振り返りを行います。

▌指導計画／本時の目標と評価規準／本時の実践例

(1)指導計画

時	学習内容	評価
1	二元一次方程式とその解の意味を理解し，その解を求める。	知
2	連立方程式の必要性と意味，連立方程式を解くことの意味を理解し，求める。	知
3〜5	文字を消去する方法に，加減法や代入法があることを理解し，連立方程式を解く。	知
6・7	かっこ，小数，分数を含む連立方程式やA＝B＝Cの形の方程式を解く。	知
8	連立方程式の解き方をレポートにまとめる。	思
9	グループごとで担当の一次方程式の利用の内容を理解する。	知
10	担当の連立方程式の利用の内容をスライドにまとめる。	思
11	ジグソー法で各グループが担当の連立方程式の利用のミニ授業を行い，自己評価と相互評価を行う。	思態
12	連立方程式の利用の考え方を全体共有し，連立方程式の利用について振り返る。	知態
13	章末の問題を解き，単元の振り返りを行う。	知

(2)本時（第11時）の目標と評価規準

　ジグソー法で連立方程式の利用の内容を理解し，自己評価と相互評価を行うことができる。

知識・技能	思考・判断・表現	主体的に学習に取り組む態度
日常生活や社会の事象における問題の解決に，連立方程式を利用できることを理解し，連立方程式を利用して問題を解決する方法を理解している。	日常生活や社会の事象における問題を，数量の関係に着目して，連立方程式を利用して解決することができる。また，その内容をスライドを使って，わかりやすく説明することができる。	連立方程式を日常生活や社会の事象における問題の解決に利用することに関心をもち，進んで相手に学習内容を説明しようとしている。また，ジグソー学習を通して，自己評価，相互評価を客観的に行おうとしている。

(3)本時（第11時）の実践例

①ミニ授業について

　時間は15分間設定します。まず講師役の生徒が「ロイロ」で作成したスライドを使って解き方を説明し，次に，教師が用意した練習問題と，講師役の生徒が作成したオリジナル問題を解かせ，教わる側からの質問の対応をします。生徒に様々な問題を解決する上で鍵となる表，図など，思考を整理するために必要なツールを考えさせるため，教師は生徒にスライドの中にツールの説明を含むよう条件設定します。練習問題は，教師が類題2問と発展問題1問ずつ，紙とデータの両方を用意します。データは「ロイロ」の資料箱に入れ，生徒はそこからいつでも取り出すことができるようにします。

　また，ミニ授業の中では，講師役の生徒が全ての指示を出し，教わる側の生徒の理解，丸付けを含めて15分間で完了するよう時間を考えて使います。講師役の生徒は，教える側になることでよりわかりやすく伝えるために表現の仕方を考え，正しい数学用語を見直すことができます。さらに，質問対応を行うことで，自分の考えとは違う視点を知ることができ，自身の内容理解が十分ではないことを確認することができます。このような協働学習を通して理解を深めます。

②オリジナル問題について

　生徒が作成する問題の内容は，教師が用意した問題の設定は変えずに数字だけを変えたり，設定そのものを変えたり，教師が用意したもののみではなく，他の教材も参考にして作成したり，各自のレベルに合わせて作成させます。この問題づくりを通して，自分の担当した内容を改めて振り返りながら，自分が作成する問題が適切な内容になっているか分析し，解説をつくりながらまとめることで探究活動となります。このように自分で調べ，整理・分析し，表現する探究活動を繰り返すことで，学び方を自ら学ぶことができます。

▍「自己評価・相互評価」について

(1)相互評価について

　「ロイロ」を使って相互評価を
行います。評価内容は，ミニ授業
を受けて，上手くできていたこと，
修正が必要なところ，改善策の３
つです。

　説明を受けた生徒に，どのよう
な説明が理解しやすかったのか，
どのようにすればより内容が伝わ

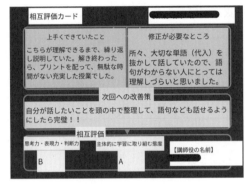

りやすかったのかを振り返らせ，自分の行った授業と比較させることで，自
分が理解するまでの思考過程を知ることができます。さらに，評価基準を基
に他者に評価を付けることで，評価と一体である学習目標に対する理解が深
まります。

　また，この相互評価シートは「ロイロ」の提出箱を使って提出させ，すぐ
に講師役の生徒にフィードバックできるようにします。

　講師役の生徒は，説明を受けた生徒がどのように感じ，どのような改善点
があったかを確認し，自分の授業を振り返りながら自己評価を行います。

(2)自己評価について

　「ロイロ」を使って自己評価を行います。評価内容は，ミニ授業を受けて，
上手くできたこと，修正が必要なところ，改善策の３つです。生徒が相互評
価と比較しやすいように同じ項目で設定しています。相互評価の内容を基に
自己評価を行うことで，客観的な評価を行うことができます。そして，次の
時間で，この自己評価の内容を使って，この課題学習を通して学んだことの
振り返りを行います。

未知数が３つの連立方程式について
振り返って評価・改善しよう

▌課題

> 　与えられた４つの条件のうち２つを組み合わせて計算していき，解を吟味してわかることを調べよう。

　この課題学習は，１時間で行います。内容としては，３つの文字を含む方程式を解く問題になります。今回の課題は，条件が４つあり，二元一次方程式や三元一次方程式を４つつくることができます。そして，４つのうち２つを組み合わせ，解を求めていきます。そして，残り２つの式のうち１つの式に代入すると３つの解を求めることができます。しかし，最後の１つの式に代入してみると等式が成り立たなくなります。そこで，なぜこのようになるのかを考えていく課題になります。

　通常の連立三元一次連立方程式の解き方は，与えられた３つの条件から３つの式を立て，代入法や加減法を駆使して計算し求めていきます。そして，加減法や代入法のよさを再確認することもできます。しかし，今回の問題は，４つの条件から４つの式を用いて解を求めていきます。しかも，４つの式全てに解を代入すると成り立たなくなります。そこで，問題解決の過程を振り返りながら，どの式の数値を変更すると４つの全てが成り立つ問題になるのかを相互評価しながら，解決していきます。このように，数値の設定をあえて，成り立たなくすることで解の吟味の大切さを再確認し，自分自身の問題解決の過程を振り返ることにもつながり自己評価することもできます。これは，連立方程式における深い学びにもつながります。

■ 指導計画／本時の目標と評価規準／本時の実践例

(1)指導計画

時	学習内容	評価
1	二元一次方程式とその解の意味を理解する。	知
2・3	連立方程式とその解の意味を理解し，加減法や代入法を用いたり選んだりして，連立方程式を能率的に解く。	知思
4	かっこや小数・分数係数を含んだ連立方程式を解く。	知
5	A＝B＝Cの形の連立方程式を解く。	知
6	連立三元一次方程式を解く。	思態
7	個数と代金の関係の事象についての問題を解決するために連立方程式を活用する。	知
8	道のり・速さ・時間の関係の事象についての問題を解決するために連立方程式を活用する。	思
9	食塩水・食塩・濃度の関係の事象についての問題を解決するために連立方程式を活用する。	思
10	テストの問題数と点数の関係の事象についての問題を解決するために連立方程式を活用する。	思態
11	単元テストを行う。	知態

(2)本時（第6時）の目標と評価規準

　日常の事象から連立三元一次方程式を4つ立て，場合の数を用いて，組み合わせを考え，その組み合わせからそれぞれ解を求める。それぞれの解き方や解の結果を相互評価し，日常の事象と照らし合わせながら解の吟味をすることができる。

思考・判断・表現	主体的に学習に取り組む態度
連立二元一次方程式を関連付けて，連立三元一次方程式を解く方法を考察し，表現することができる。	連立方程式や場合の数について学んだことを生活や学習に生かそうとしている。

(3)本時（第6時）の実践例

> ある果物屋さんでは，次のようなセットで果物が売られていました。
> Aセット　りんご1個　と　みかん2個　　　　　　　　310円
> Bセット　りんご1個　と　なし1個　　　　　　　　　270円
> Cセット　みかん2個　と　なし1個　　　　　　　　　280円
> Dセット　りんご1個　と　みかん1個　と　なし1個　300円
> これから何がわかるだろうか。

　本時の学習課題から，りんごとみかん，なしの1個の値段を求めさせていきます。まずは，1人で考えさせていきます。ほとんどの生徒は，BセットとDセットの関係から，みかん1個は30円であると求めます。そして，みかん1個が30円ということとAセットの関係から，りんご1個は250円であると求めます。そして，みかん1個が30円ということとCセットの関係から，なし1個は220円であると求めます。

　ここで，みかん1個は30円，りんご1個は250円，なし1個は220円が正しいかどうかを4つの式に全て代入させて，吟味させます。Dセットの条件の式に代入すると，成り立たなくなります。そこで，教師から「実は，ある1つのセットだけ，〇〇円引きされている」ということを伝え，再度，求め直します。ここで，つまり「〇〇円引き」されていないものは3セットあることを確認し，「〇〇円引き」されていない3セットの組み合わせを確認します。

　そして，ここで「ジグソー法」を活用します。「〇〇円引き」されていない3セットの組み合わせは【ABC】，【ABD】，【ACD】，【BCD】の4つなのでこれを1グループ4人で分けて調べていきます。それぞれが調べた結果をエキスパートグループ（同じ組み合わせを考えた生徒のグループ）に分けて，自分が調べた結果が正しいかどうか確認します。そして，元の4人グループに分かれて，どのセットが「〇〇円引き」されているか求めます。

■「自己評価・相互評価」について

　「ジグソー法」を活用して，相互評価を行います。「Google チャット」に４つのスレッドを準備します。そして，それぞれ担当した組み合わせの問題を解き，自分の考えを写真に撮り投稿します。わからない生徒は，同じ組み合わせの問題を解いた友達の投稿を参考にしながら自分自身の学びを深めていきます。

　一定数，投稿が終わったら，教室に場所を設定し，同じ組み合わせの問題を解いた友達同士が集まり（エキスパートグループ），さらに考えを深めます。そして，元の４人グループに戻り，自分が担当した問題について残りの３人に説明します。そして，最終的に，どのセットが「〇〇円引き」されているかを確認します。

「〇〇円引き」されていない３セットの組み合わせ	「〇〇円引き」されていると考えるセットについて吟味した結果
【ＡＢＣ】のとき計算するとりんご１個は150円，みかん１個は80円，なし１個は120円となる	【Ｄ】に代入するとＤセットは50円引きされていることがわかる
【ＡＢＤ】のとき計算するとりんご１個は250円，みかん１個は30円，なし１個は20円となる	【Ｃ】に代入するとＣセットは200円高くなっていることがわかる
【ＡＣＤ】のとき計算すると値段が分数になり，解が不適であることがわかる	【Ｂ】に代入することができない
【ＢＣＤ】のとき計算するとりんご１個は50円，みかん１個は30円，なし１個は220円となる	【Ａ】に代入するとＡセットは200円高くなっていることがわかる

　つまり，今回の問題に関しては，【ＡＢＣ】のりんご，みかん，なしの１個あたりの値段は変わらず，【Ｄ】セットが全体として50円引きされていることがわかります。

未知数が４つの連立方程式について
具体的な場面で解決しよう

▌課題

> わからない数量を様々な方法で文字に置き，方程式を活用して問題を解決しよう。

　本単元では，方程式を用いて具体的な問題を解決するにあたって，着目する数量によって様々な方程式が立てられることに気付き，一元一次方程式や連立二元一次方程式を見通しをもって的確に活用することができるようになることが求められています。前時までの授業において，【個数と代金の関係の事象】，【道のり・速さ・時間の関係の事象】，【食塩水・食塩・濃度の関係の事象】などの具体的な問題について学習しています。【個数と代金の関係の事象】の問題については，１年のときに習った一元一次方程式の学習で解いた同様の問題を活用します。一元一次方程式でもちろん解ける問題ではありますが，１つの変数よりは２つの変数を用いた方が式に表しやすいことを実感させ，連立二元一次方程式を活用するよさを実感させます。【道のり・速さ・時間の関係の事象】や【食塩水・食塩・濃度の関係の事象】の問題については，捉えた数量を表や図（線分図・ビーカー図など）で表してその関係を明らかにして，連立二元一次方程式を立て問題を解決していきます。また，表や図，式を相互に関連付けて具体的な事象を捉え，考察することも大切です。今回の【テストの問題数と点数の関係の事象】の問題については，わからない数量を様々な方法で文字に置き，一元一次方程式，二元一次方程式，三元一次方程式のよさについてより実感できる問題になっています。

▌指導計画／本時の目標と評価規準／本時の実践例

⑴指導計画

時	学習内容	評価
1	二元一次方程式とその解の意味を理解する。	知
2・3	連立方程式とその解の意味を理解し，加減法や代入法を用いたり選んだりして，連立方程式を能率的に解く。	知思
4	かっこや小数・分数係数を含んだ連立方程式を解く。	知
5	A＝B＝Cの形の連立方程式を解く。	知
6	連立三元一次方程式を解く。	思態
7	個数と代金の関係の事象についての問題を解決するために連立方程式を活用する。	知
8	道のり・速さ・時間の関係の事象についての問題を解決するために連立方程式を活用する。	思
9	食塩水・食塩・濃度の関係の事象についての問題を解決するために連立方程式を活用する。	思
10	テストの問題数と点数の関係の事象についての問題を解決するために連立方程式を活用する。	思態
11	単元テストを行う。	知態

⑵本時（第10時）の目標と評価規準

　わからない数量を様々な方法で文字に置き，一元一次方程式，二元一次方程式，三元一次方程式を活用し，解を求め，問題解決の過程を相互評価で振り返って，簡潔に求めることができる方法を考察することができる。

思考・判断・表現	主体的に学習に取り組む態度
具体的な場面で一元一次方程式，二元一次方程式，三元一次方程式を活用することができる。	一元一次方程式，二元一次方程式，三元一次方程式において，簡潔に求めることができる方法は，どの文字の置き方か問題解決の過程を振り返って評価・改善しようとしている。

⑶**本時（第10時）の実践例**

> 合計が100点となるテストを作成するために，１問あたりの点数配分を２点，３点，４点の３種類とした。点数配分が２点の問題数を４点の問題数よりも８問多く，また，３点の問題数を，全問題数の半分にしたい。点数配分が２点，３点，４点の問題の問題数をそれぞれ求めよ。

　本時の学習課題から，わからない数量を把握させていきます。生徒とのやり取りの中で，わからない数量は【２点の問題の問題数】，【３点の問題の問題数】，【４点の問題の問題数】ということが把握できます。さらに，「本当に他にわからない数量はないか」と質問していくと，【全問題数】という意見が出てきます。つまり，今回の学習課題から，わからない数量は４つあることを確認します。

　次に，どのように文字に置くか，考えさせていきます。わからない数量が４つあるので文字を４つ置いて解決したいと考える生徒や文字をできるだけ減らして解決したいと考える生徒が出てきます。そこで，より「早く・簡単に・正確に」という視点でそれぞれの求め方を振り返らせ，問題を解決するためには，どのような文字を置く方法が適切であるか考えさせていきます。

■「自己評価・相互評価」について

⑴相互評価の方法

　生徒は，それぞれ「Google チャット」に自分の考えを写真に撮り投稿します。その後，自分のスレッドのコメント欄に「○○を文字に置いた場合」とコメントします。全員が投稿を終え，自分のスレッドのコメント欄に記入できたら，友達の考えを随時見ていきます。特に，自分とは考えの異なるものから見ていきます。そして，コメント欄に「早く・簡単に・正確に」の視点で記入していきます。それぞれの文字の置き方によって，「加減法での計算がしやすい」や「式を立てやすい」などそれぞれのよさが出てきます。

(2)自己評価の方法

　今回は，相互評価で友達の考えにコメントすることで，より自分自身への自己評価は深まります。相互評価によってコメントされた友達の意見を見て，「早く・簡単に・正確に」の視点で振り返ります。また，自分と同じ文字の置き方をしている生徒の考えも見ることで新たな気付きも生まれてくるかもしれません。例えば，「自分自身は代入法で解いたけれど，加減法するとより"早く"解くことができる」や「自分自身は表を用いて問題を整理し，式を立てたけれど，図を用いて視覚的に整理する方が式を"簡単に"立てることができる」などの振り返りができるようになります。

(3)教師の役割

　今回のような問題解決への方法が多い学習課題については，教師自身がどの解き方が「早く・簡単に・正確に」できるかを教材研究しておく必要があります。きっと，所見で「○○を文字に置こう」と思った解き方が，教師自身にとっての「早く・簡単に・正確に」解くことができる方法だと思います。しかし，生徒と同様，他の文字の置き方で試してみることも非常に大切です。教材研究で考えていなかった文字の置き方や式の立て方など，授業中に随時，生徒の考えを把握していくことで教師自身も新たな気付きを得ることができます。

　最後に今回の問題は，どのように解くと「早く・簡単に・正確に」解くことができるかを共有された「Google スプレッドシート」で確認していきます。シートには，縦軸に生徒名を記入し，横軸には「何を文字に置くか」，「代入法・加減法・一次方程式など解き方」，「何の文字を最初に消去するか」などの項目を立て，記入させていきます。

　教師自身の考えと生徒の考えを共有して，「早く・簡単に・正確に」解きやすいのはどのような解き方なのかを全員で振り返りを行います。そうすることで，深い学びにつながります。

三角形と四角形の証明問題について
ステップ解説でリレー大会を行おう

█ 課題

> 中学２年の三角形と四角形の証明をリレー形式でステップ解説をつくり，他グループ同士で相互評価しよう。

　教師が事前に「二等辺三角形の性質を使った証明」，「二等辺三角形であるための条件を使った証明」，「直角三角形の合同条件を使った証明」，「正三角形の性質を使った証明」，「平行四辺形の性質を使った証明」，「平行四辺形であるための条件を使った証明」の６種類の問題プリントを用意します。

　３人で１つのグループをつくり，６種類別々の問題をグループごとにリレー形式でステップ解説を作成します。「PowerPoint」でステップ解説を作成し，グループで設定された時間内に証明を完成させます。

　ステップ解説は，１枚のスライドに１行以上の文や式を書きます。そのスライドを複製し，複製したスライドにさらに１行以上の文や式を付け加えます。それを繰り返すことで，証明の過程が複数のスライドでわかるようにまとめた解説です。今回はリレー形式でステップ解説を行うため，スライドによって誰がどこまで証明を作成したのかがわかるようになります。

　その後，それぞれのグループが作成した証明を２グループごとで相互評価します。評価は作成された証明に訂正と加筆をします。その内容を踏まえて数値で評価します。

　これと同じ流れをもう１セット行い，生徒たちは１時間の中で２つの証明問題のステップ解説をリレー形式で作成します。

▌指導計画／本時の目標と評価規準／本時の実践例

(1)指導計画

時	学習内容	評価
1・2	二等辺三角形の定義と性質を理解し，二等辺三角形の性質を使った証明をする。	知
3	二等辺三角形であるための条件を理解し，二等辺三角形であるための条件の証明をする。	知思
4	命題の逆や反例の意味や，逆が成り立たないことを反例をあげて証明する。	知
5	正三角形の定義と性質を理解し，正三角形の性質を使った証明をする。	知思
6・7	直角三角形の定義及び直角三角形の合同条件を理解し，直角三角形の合同条件を使った証明をする。	知思
8・9	平行四辺形の定義と性質を理解し，平行四辺形の性質を使った証明をする。	知
10・11	平行四辺形であるための条件を理解し，平行四辺形であるための条件の証明をする。	知思
12	リレー形式で証明問題のステップ解説をつくり，他グループ同士で相互評価する	思態
13	ひし形，長方形，正方形の定義や性質及び四角形の相互関係を理解する。	知
14	等積変形の意味を理解し，平行線間の距離に着目して，面積が等しい図形を見つける。	思
15	日常生活における問題の解決に，三角形や四角形の性質を利用して解決したり，解決の過程を振り返って，新たな問題を見いだしたりする。	思態

(2)本時（第12時）の目標と評価規準

　三角形と四角形の証明をリレー形式でステップ解説をつくり，他グループ同士で相互評価することができる。

思考・判断・表現	主体的に学習に取り組む態度
三角形の合同条件などを基にして三角形や四角形の性質を使って証明することができる。また，他者とステップ解説を作成しながら証明を完成することができる。	証明のステップ解説をグループで意欲的に作成しようとしている。また，他のグループが作成したステップ解説を適切に評価しようとしている。

(3)本時（第12時）の実践例

①リレー形式のステップ解説について

ステップ解説は「PowerPoint」を使って，１枚のスライドに１行以上の文や式を書きます。そのスライドを複製し，複製したスライドにさらに１行以上の文や式を付け加えます。それを繰り返すことで，証明の過程が複数のスライドでわかるようにまとめた解説です。

そして，リレー形式のステップ解説は，限られた時間内に１枚のスライドの中で証明を１行以上作成します。次に作成する人は，前の人が作成した証明途中のスライドを複製し，そのスライドに証明の続きを作成していきます。これをグループメンバーで１人30秒間のリレー形式で３周行い，その中で生徒たちは割り振られた問題に対し，証明を完成させていきます。

このリレー形式のステップ解説を行う上で大切なことは，他の人の思考について客観的に考えることです。そこで，他の人の考えを論理的に考察し，数学的な表現を用いて事象を簡潔・明瞭・的確に表現することで，「思考力，判断力，表現力等」の育成につながります（※１）。

②ステップ解説のクラウド活用

教師は事前に６種類の証明問題のデータをそれぞれ「PowerPoint」に貼り付けて，「Teams」上に共有します。生徒はステップ解説をクラウド上の担当の「PowerPoint」を使って，グループで１つ作成します。この「PowerPoint」はグループごとに共同編集で作成させます。共同編集で作成するため，同じグループの生徒同士は，全員作成を行っている生徒の作成過程を確認することができ，作成を待っている生徒も証明について考えることができます。また，問題の図形に印を付けたり，根拠を先に記したりなど，グループの全員で協力して時間内に証明を完成させるための工夫をすることができます。このようにグループでクラウドを使って共有しながら作成することで，生徒は常に数学的な見方・考え方を働かせ，問題解決力を育成することができます。

▌「自己評価・相互評価」について

それぞれのグループが作成した
ステップ解説を２グループごとで
相互評価します。評価の仕方は，
相手のグループが作成した
「PowerPoint」の最後のスライ
ドを複製し，複製したスライドに
訂正と加筆をします。

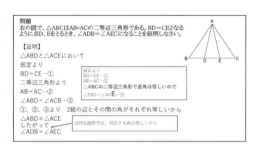

　評価するポイントは「証明に必要となる，長さの等しい辺や大きさの等し
い角について，根拠を明らかにし，その関係を式で表すことができている」，
「合同条件を正しく書き，結論を導くことができている」の２つです。

　この２つのポイントは，東京都教育委員会が東京都立入学試験の証明問題
の採点ポイントとして示している内容です。

　この２つのポイントを基に，生徒はグループで話し合いながら訂正と加筆
をし，教師がつくった問題ごとの採点基準に沿って，グループで生徒が相手
のグループが作成した証明に点数を付けていきます。

　生徒自身が評価する側になることにより，採点する人の視点に立つことが
でき，評価基準について深く考え，理解することができます。また，客観的
に他のグループの証明を評価することにより，「どのように示せば，よりわ
かりやすい説明になるのか」を考え，証明について再認識することができま
す。

　そして，このリレー形式のステップ解説と相互評価を２回繰り返すことで，
１回目に行われた評価をすぐに取り入れながら，評価基準に沿ったより質の
高い証明を書くことができます。

〈参考文献〉
※１　文部科学省（2017）「中学校学習指導要領（平成29年告示）解説　数学編」

平行四辺形のオリジナルゲームを行い，
お互いに評価しよう

▌課題

> 中学2年の平行四辺形トランプを使って，グループごとにオリジナルゲームを
> 作成し，お互いのオリジナルゲームを評価し合おう。

　この課題学習は全3時間を使って行います。

　1時間目は，グループごとで平行
四辺形トランプを使った神経衰弱を
体験します。グループごとで平行四
辺形トランプのルールの確認を行い，
平行四辺形トランプについてグルー
プで理解します。その後，グループ
ごとで平行四辺形トランプを使った
オリジナルゲームを作成します。

　2時間目は，オリジナルゲームについての流れとルールを「ロイロ」でま
とめます。さらに，平行四辺形の知識に関わるゲームづくりを意識付けする
ために，教師は生徒に作成したオリジナルゲームを行うと得られる平行四辺
形の知識について考えさせ，その内容を「ロイロ」にまとめさせました。

　3時間目は，他グループが作成したオリジナルゲームを行い，グループご
とに「ロイロ」で相互評価を行います。そして，相互評価と自己評価と振り
返りを「ロイロ」で行います。

▌指導計画／本時の目標と評価規準／本時の実践例

(1)指導計画

時	学習内容	評価
1・2	二等辺三角形の定義と性質を理解し，その性質を使って証明する。	知
3	二等辺三角形であるための条件を理解し，その証明をする。	知
4・5	命題の逆や反例の意味を理解し，正三角形の定義と性質を理解する。	知
6・7	直角三角形の定義及び直角三角形の合同条件を理解し，合同条件を使って証明する。	知
8・9	平行四辺形の定義と性質を理解し，その性質を使って証明する。	知
10	平行四辺形であるための条件を理解する。	知
11	平行四辺形トランプについて理解し，オリジナル平行四辺形トランプゲームを作成する。	知思
12	オリジナル平行四辺形トランプゲームを作成する。	思
13	他グループが作成したオリジナル平行四辺形トランプゲームを行い，振り返りを行う。	思態
14	ひし形，長方形，正方形の定義や性質及び四角形の相互関係を理解する。	知
15	等積変形の意味を理解し，等しい面積の三角形を見つける。	知
16	日常生活や社会の事象における問題を，三角形や四角形の性質を利用して解決する。	知思
17	日常生活や社会の事象における問題の解決に，三角形や四角形の性質を利用し，レポートにまとめる。	思態

(2)本時（第13時）の目標と評価規準

　他グループが作成したオリジナルゲームを行い，相互評価，自己評価と振り返りを行うことができる。

思考・判断・表現	主体的に学習に取り組む態度
平行四辺形トランプを使って，平行四辺形になるための条件を利用した新しい平行四辺形トランプゲームを考えることができる。	オリジナルゲームを進んで考え，平行四辺形について学んだことをトランプゲームのルールに生かそうとしている。

⑶本時（第13時）の実践例

①平行四辺形トランプについて

　平行四辺形の「1組の対辺が平行」カード2種類，「1組の対辺が等しい」カード2種類，「1組の対角が等しい」カード2種類，「1つの対角が中点で交わる」カード2種類がそれぞれ7枚ずつあり，合計56枚になっているトランプカードです。

　これらを組み合わせて，平行四辺形になる条件を満たすことをルールとして，オリジナルトランプカードを作成させました。

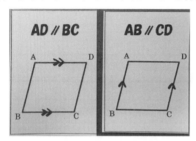

「1組の対辺が平行」2種類

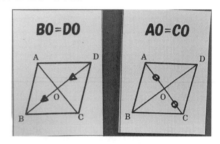

「1つの対角が中点で交わる」2種類

②他グループのゲームを行い，相互評価と自己評価を行う

　各グループが作成したトランプゲームを全体で説明し，他グループのオリジナル平行四辺形トランプゲームを行います。作成したゲームについて説明するとき，「ロイロ」でまとめたスライドの平行四辺形の必要な知識，得られる平行四辺形の知識について生徒に説明させます。実際に他グループが作成したゲームを行いながら，平行四辺形の知識に注目させ，ルールのよい点や改善点を考えさせます。そして，グループごとで話し合いながら相互評価を行います。作成した相互評価は「ロイロ」の提出箱に提出させ，すぐに該当グループにフィードバックできるようにします。

　その後，送られた相互評価の内容を基に，自分のグループが作成したゲームのルールを振り返りながら，自己評価を行います。

▌「自己評価・相互評価」について

⑴相互評価

　「ロイロ」を使って，相互評価を行いました。グループごとに評価基準に沿って得点に表し，このゲームの「よかった点」，「改善点が必要なところ」，「改善策」をまとめます。この相互評価を行う上で，生徒にゲームを行うことにより平行四辺形の知識がより深まるためには，どのようなルールの工夫が必要かに着目させて考えさせました。

　また，評価の内容が短絡的にならないように，教師は相互評価を行うときに平行四辺形になる条件の「言葉」や「ジョーカー」のカードを加えると，どのようなルールが考えられ，平行四辺形の知識が深められるゲームになるか生徒に考えさせました。教師はこのように新たな条件を加えることで，生徒に新たな視点をもたせるよう工夫します。

⑵自己評価と振り返り

　相互評価の内容を基に，グループごとに作成したゲームの振り返りを行います。相互評価の内容で出た改善点，改善策についてグループで協議し，ルールの再設定を行います。そして，自己評価として各自で作成したゲームのアピールポイントについて「ロイロ」のスライドでまとめます。この内容は「思考・判断・表現」の記録としての評価材として扱います。

　また，生徒に課題学習の振り返りを行わせます。教師はオリジナル平行四辺形トランプゲームを作成する活動を通して，何がわかるようになり，何が変わったのかについて，学習過程の変化を各自で振り返らせます。この振り返りの中で「どの条件が組み合わせが出やすいかを確率で考えたい」というような，次の学習内容にもつながるような視点を生徒がもてるように，教師は平行四辺形トランプと平行四辺形になる条件の関係を全体で考えさせることも大切です。

平行四辺形の性質を用いた証明を
論理的に考察し，表現しよう

▌課題

平行線の性質や平行四辺形の性質を根拠にした証明が論理的に記述されている
か相互評価し，さらに模範解答を基に自己評価しよう。

本単元では，数学的な推論の過程に着目し，図形の性質や関係を論理的に
考察し，表現することができるように指導していくことが大切です。特に，
演繹的に推論するために，証明の根拠を明確にして，論理的に考察し，表現
していきます。

前時の授業までに，平行線の性質や三角形の合同条件を根拠にして，平行
四辺形の性質について証明をしています。その証明された平行四辺形の性質
は，定理として「2組の対辺がそれぞれ等しい」，「2組の対角がそれぞれ等
しい」，「2つの対角線がそれぞれの中点で交わる」の3つにまとめられます。

本時の授業では，これら3つの平行四辺形の性質（定理）や今まで習った
平行線の性質などを根拠にして論理的に証明していきます。平行四辺形の性
質（定理）を根拠にした証明については，本時ではじめて取り組むことにな
ります。証明を論理的に記述する際に，気を付けさせることは，3つの平行
四辺形の性質（定理）のうち，どの性質（定理）を用いたかを明確にして，
論理的に記述できるかです。

生徒同士で相互評価することで，証明の根拠を明確にして，論理的に考察
し，表現することにつながります。

■ 指導計画／本時の目標と評価規準／本時の実践例

(1)指導計画

時	学習内容	評価
1	用語の定義の意味と必要性を理解する。	知
2	三角形の合同条件を根拠にして，二等辺三角形の性質について理解する。	思
3	三角形の合同条件を根拠にして，二等辺三角形の性質の逆について理解する。	思
4	二等辺三角形の性質を根拠にして，正三角形の性質について理解する。	思
5	三角形の合同条件を根拠にして，直角三角形の合同条件について理解する。	知
6	直角三角形の合同条件を用いて，図形の性質を証明する。	思
7・8	平行線の性質や三角形の合同条件を根拠にして，平行四辺形の性質を証明する。	思態
9	平行四辺形の性質を用いて，図形の性質を証明する。	思
10	四角形が平行四辺形になるための条件について調べる。	知思
11・12	平行四辺形になるための条件を用いて，図形の性質を証明する。	思
13	平行四辺形，長方形，ひし形，正方形の間の関係について理解する。長方形，ひし形，正方形の対角線の性質を調べ，その性質を証明する。	知思
14	平行四辺形が，長方形，ひし形，正方形になるための条件を見いだす。	思態

(2)本時（第9時）の目標と評価規準

　平行線の性質や平行四辺形の性質を根拠にした証明が論理的に記述されているか相互評価し，さらに模範解答を基に自己評価することができる。

知識・技能	思考・判断・表現	主体的に学習に取り組む態度
証明の必要性を意味及びその方法について理解している。	平行線の性質や平行四辺形の性質などを根拠に，図形の性質を証明することができる。	平行四辺形の性質などを活用した問題解決の過程を振り返って評価・改善しようとしている。

⑶本時（第９時）の実践例

> 　平行四辺形 ABCD の対角線 AC 上に AE ＝ CF となるように点 E，F をとるとき，BE ＝ DF であることを証明しよう。

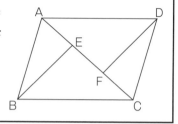

　本時の学習課題では，特に「仮定」を明確にさせることが大切です。平行四辺形 ABCD と AE ＝ CF が「仮定」となりますが，平行四辺形 ABCD には，平行四辺形の定義や３つの性質の条件が考えられます。それらの「仮定」から「結論」である BE ＝ DF を導か

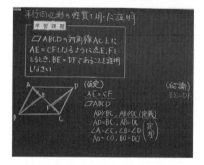

なければなりません。この「結論」を導くために，「△ ABE と△ CDF が合同であること」を証明すればよいことを確認し，証明していきます。証明する際は，「結論」から逆向きに考えるなどして，前提の条件である「仮定」の何を使うかを明確にさせていきます。そのために，図に前提の条件を記号や印を書き加えさせながら見通しをもたせていきます。そして，すぐに証明を書くのではなく，ペア活動で自分の見通しを説明させます。

■「自己評価・相互評価」について

⑴相互評価の方法

　生徒は，ノートを写真に撮り，「Google チャット」に投稿します。その後，４人グループをつくり，自分を除く３人の評価を行います。その際，次の評価内容に注意するように促します。相互評価の後，生徒は，友達からの評価内容を見て，自分の証明をよりよくするために各自ノートに赤ペンで証

明の修正を行います。

【評価内容】

・「仮定」と「結論」は正しいか。

・今まで習った「定理」などを用いる場合は，説明した内容を記しているか。

・対応する順に書かれているか。

・根拠と合同条件はつながりがあるか。

・その他，気付いたことや質問などをコメントしてもよい。

・修正することがなければ，「ばっちり」とコメントする。

(2)相互評価後

　教師は，模範解答の解説を行います。その際，生徒は，模範解答を基にさらに修正を行います。生徒は，修正した記述の内容を写真に撮り，教師に提出します。教師は，正しい証明が記述されているか確認します。

(3)教師の役割

　教師は，相互評価の際に，各グループの評価内容を確認し，間違っている場合は修正を行います。全ての友達から「ばっちり」を書かれている記述や何も評価されていない記述，また，よく間違えそうな記述を中心に教師も積極的に評価します。生徒同士で，相互評価して間違えに気付いたり，修正できたりすることが理想ですが，教師が気付きを示すことも大切です。自己評価の際の模範解答の解説の際には，評価内容と照らし合わせながらしっかりと理解できるように促します。

〈参考文献〉

・文部科学省（2017）「中学校学習指導要領（平成29年告示）解説　数学編」

星形五角形の内角の和の多様な求め方で
図形の見方・考え方を広げよう

▌課題

> 　星形五角形の内角の和を多様な考え方で求め，その後，星形六角形，星形七角形の内角の和はどうなるかを調べて，わかることをまとめよう。

　この課題学習は，全2時間をかけて行います。1時間目は，正星形五角形（5つの角が等しい）の内角の和を求め，180°になることを確認します。その後，星形五角形（5つの角が等しいとは限らない）の内角の和も180°になることを調べていく学習を行います。平行線を補助線として同位角や錯角を用いたり，対頂角と三角形の内角の和の性質を用いたりして，多様な求め方を考えていきます。多様な求め方が出てきた後に，それぞれの求め方の「よさ」について確認し，相互評価を行っていきます。2時間目は，星形の角を増やしていくとそれぞれの内角の和はどうなるのかを調べていきます。星形六角形，星形七角形，星形八角形…はどのような図形になるか確認し，それぞれ調べていきます。調べる中で，星形五角形のときに学習した多様な求め方を想起させながら，内角の和を求めていきます。また，多様な求め方のうち，星形五角形，星形六角形，星形七角形…と増えていっても求め方は変わらない方法を考えることで，より「よさ」を実感することができます。そして，星形 n 角形としたとき，内角の和は180°×（$n-4$）という公式になることを発見させ，深い学びにつなげていきます。今後，さらに発展的に考えたい生徒には，星形多角形の書き方には法則があることを伝え，他の公式を導き出していくことも伝えると，さらなる深い学びにつながります。

▋指導計画／本時の目標と評価規準／本時の実践例

(1)指導計画

時	学習内容	評価
1	対頂角の意味と性質や同位角，錯角の意味を理解する。	知
2	平行線と同位角，錯角の関係を理解する。	知
3	三角形の内角や外角に関する性質を，平行線の性質などを用いて論理的に確かめる。	知思
4	多角形の内角の和を求める方法を三角形の角の性質などを基にして見いだし表現する。	知思
5	多角形の外角の和を求める方法を三角形の角の性質などを基にして見いだし表現する。	知思
6	星形五角形の内角の和を求める方法を平行線と同位角，錯角の関係や三角形の内角や外角に関する性質などを用いて求める。	思態
7	星形多角形の内角の和を求める公式を平行線と同位角，錯角の関係や多角形の内角や外角に関する性質などを用いて求める。	思態
8	2つの三角形が合同になるための条件を調べ，三角形の合同条件を理解し，記号を用いるなどして表す。	知
9	仮定と結論について知り，証明の必要性と意味を理解し，図形の性質を証明する手順を理解し，簡単な図形の性質を証明する。	思
10・11	証明の根拠となる図形の基本性質について理解する。	思態
12	命題の逆の意味を理解する。	知
13	単元テストを行う。	知思

(2)本時（第6時）の目標と評価規準

　様々な方法で星形五角形の内角の和を求め，それぞれの求め方の「よさ」について相互評価し，問題解決の過程を振り返ることができる。

思考・判断・表現	主体的に学習に取り組む態度
基本的な平面図形の性質を見いだし，平行線や角の性質を基にしてそれらを用いて，様々な方法で星形五角形の内角の和を求めることができる。	基本的な平面図形の性質を見いだし，平行線や角の性質を基にして，様々な方法で星形五角形の内角の和を求め，問題解決の過程を振り返って評価・改善しようとしている。

(3)本時（第6時）の実践例

> 右の図は正星形五角形と呼ばれる図形です。
>
> この正星形五角形の内角の和（印を付けた部分を内
> 角と考える）は何度になるでしょうか。

　本時の学習課題では，まずは，求めやすいように単純化された"正"星形五角形で考えさせます。五角形の部分が"正"五角形であるものが"正"星形五角形と伝え，正五角形の1つの内角が108°であることを確認します。すると，印が付いている1つの角は36°になることを確認し，5つの内角の和は180度になることがわかります。

　次に，五角形の部分が"正"五角形ではなく，角度が設定されていないときの星形五角形の内角の和も180°になるかどうかを調べていきます。角度が設定されていないのでどのようにして考えればよいか，生徒に質問し，5つの角をそれぞれ「a」，「b」，「c」，「d」，「e」と文字に置き，考えていけばよいことを確認します。そして，「$\angle a + \angle b + \angle c + \angle d + \angle e = 180°$」になるかどうかを求めていきます。その際，今まで習ったことを想起させ，何が使えそうか確認していきます。角度の問題なので「対頂角の性質」，「平行線における同位角，錯角の性質」，「三角形の内角の和は180°」，「三角形の1つの外角は，これと隣り合わない2つの内角の和と等しい」，「n角形の内角の和は180°×$(n-2)$」，「多角形の外角の和は360°」などを想起させていきます。想起させたものを関連付けながら，生徒は解決に向けて取り組んでいきます。解決できた生徒には，他の方法でも解決できないかを考えさせます。

　最後に，多様な求め方をみんなで確認し，図形における見方・考え方を広げることにつなげていきます。

▎「自己評価・相互評価」について

⑴相互評価の方法

　生徒は，それぞれ解決に向けて考えた後に，自分の考えを写真に撮り「Google チャット」に投稿します。全ての生徒の考えが投稿されたら，4人グループをつくり，それぞれの求め方について確認していきます。求める前に何が使えそうか想起した，「対頂角の性質」，「平行線における同位角，錯角の性質」，「三角形の内角の和は180°」，「三角形の１つの外角は，これと隣り合わない２つの内角の和と等しい」「n 角形の内角の和は180°×（n － 2）」，「多角形の外角の和は360°」の考え方を用いた求め方はどれかを確認していきます。その際，どのような考えを主に使って求めているのかを話し合い，分類していきます。全ての生徒の考えを端末で見ることができ，多様な求め方を確認することができます。

⑵相互評価後

　相互評価後に，それぞれの求め方の「よさ」を全体で確認していきます。「中学校学習指導要領（平成29年告示）解説　数学編」（p.28）には，数学の「よさ」がまとめられており，今回は，図形に関する基礎的な概念や原理・法則のよさを考えることにつながります。対頂角や同位角，錯角などそれぞれのよさを改めて考えることで見方・考え方が広がります。

⑶自己評価の方法

　自分が求めた方法と他者が求めた方法を比較し，今後自分がこのような問題を解くときにどの求め方を活用していきたいかを学級で共有された「Google スプレッドシート」に記入していきます。その際，他者の考えも見ることができ，自分の考えと他者の考えを比較することができ，さらなる図形における見方・考え方を広げることにつながります。

一次関数トランプゲームを作成し，
お互いのオリジナルゲームを行おう

▌課題

> 　一次関数トランプを使って，グループごとにオリジナルゲームを作成し，お互いのオリジナルゲームを評価し合おう。

　この課題学習は全4時間を使って行います。

　1時間目は，グループごとで一次関数トランプを使ったババ抜きを体験する。グループごとで一次関数トランプのルールの確認を行い，一次関数トランプについてグループで理解します。その後，グループごとで一次関数トランプを使ったオリジナルゲームを創作します。

　2時間目は，オリジナルゲームについての流れとルールを「コラボノート」でまとめます。さらに，オリジナルゲームを行うと身に付く一次関数の知識について生徒に考えさせ，その内容を「コラボノート」にまとめさせました。

　3時間目は，オリジナルゲームの説明動画を作成します。その後，他グループが作成したオリジナルゲームを行い，グループごとに評価基準を基にコラボノートの点数付けとコメント機能を使って相互評価を行います。

　4時間目は，3時間目の続きを行い，その後，相互評価を基にゲームの再構成を行い，「Forms」を使って自己評価と振り返りを行います。

■ 指導計画／本時の目標と評価規準／本時の実践例

(1)指導計画

時	学習内容	評価
1	yはxの一次関数であることを理解し，2つの数量の関係を，表や式に表す。	知
2	変化の割合の意味を理解し，変化の割合を求める。	知
3〜5	一次関数のグラフの特徴について理解し，グラフをかく。	知
6	一次関数の式の求め方を理解し，式を求める。	知
7・8	一次関数トランプについて理解し，オリジナルトランプゲームを作成する。	思
9	他グループが作成した一次関数トランプを行い，相互評価する。	思
10	相互評価を基にゲームを再構成し，振り返りを行う。	思態
11・12	二元一次方程式について理解し，グラフをかき，交点が連立方程式の解であることを理解する。	知
13	日常生活や社会の事象における問題を，一次関数を利用して解決する。	思
14	図形の問題を，一次関数を利用して解決する。	思
15	日常生活や社会の事象を表したグラフから一次関数を見いだし，問題を解決する。	思態

(2)本時（第10時）の目標と評価規準

　他グループが作成したオリジナルゲームを相互評価し，相互評価を基にゲームの再構成を行い，自己評価と振り返りを行うことができる。

知識・技能	思考・判断・表現	主体的に学習に取り組む態度
一次関数の関係を表，式，グラフに相互に関連付けて表すことができる。	一次関数トランプを使って，表，式，グラフを相互に関連付けて，新しい一次関数トランプゲームを考えることができる。	オリジナルゲームを進んで考え，一次関数について学んだことをトランプゲームのルールに生かそうとしている。

⑶本時（第10時）の実践例

①一次関数トランプについて

一次関数を式，表，グラフ，言葉で表した4種類のカードがそれぞれ13枚で合計52枚になっているトランプカ

ードです。式，表，グラフ，言葉をそれぞれ相互に関連付けて考えさせながら，オリジナルトランプゲームをつくらせました。

②他グループのゲームを行う

他グループが作成した「コラボノート」を見て，他グループの作成したオリジナル一次関数トランプゲームを行います。

コラボノートには，「ゲームの流れ」，「ゲームを行う上で必要な知識」，「ゲームを行うと身に付く知識」，「動画や写真」がまとめられていて，それを各グループで確認しながら，ゲームを行います。ゲームを行いながら，ゲームのわかりやすさと学習として得られるものについて着目させます。

ゲームは7分間行い，その後，3分間でそのゲームについて，グループごとで評価基準を基に相互評価を行わせます。ゲームを楽しむことだけでなく，ゲームを評価することの意識付けを行うために，時間を区切る工夫を行いました。

前時と合わせて6グループのオリジナルゲームを行い，様々な視点から一次関数の式，表，グラフ，言葉を相互に関連付ける感覚を養いました。

▌「自己評価・相互評価」について

(1)相互評価

　「コラボノート」のコメント機能を使って，相互評価を行いました。グループごとに評価基準に沿って得点に表し，このゲームの「よかった点」，「改善点・改善策」を入力さ

1	作れなかった
2	元々のトランプゲームを1次関数に置き換えてつくった
3	元々のトランプゲームに1次関数に置き換えて、ルールを付け加えた
4	元々のトランプゲームに1次関数に置き換えて、数学の知識を使って考えるルールを付け加えた
5	新たな1次関数に関わるトランプゲームをつくり、数学の知識を使うルールが含まれるゲームを作った

せます。この相互評価を行うことで，行ったゲームについて理解を深めることができるとともに，よりよいゲームについて考えるときに批判的思考を養うことができます。そのために，教師は評価基準の内容と意図を生徒に丁寧に説明することが重要です。

(2)自己評価と振り返り

　相互評価の内容を基に，グループごとに作成したゲームの振り返りを行います。ルールの設定として付け加えた方がいいところ，削った方がいいところを，ゲームを行うことで学習として得られる力に着目させ，考えさせました。その後，生徒に今回の課題学習の振り返りを「Forms」を使って行います。評価基準に沿って自己評価させ，一次関数のオリジナルゲームを作成する活動を通して，何がわかるようになり，何が変わったのかについて，学習過程の変化を各自で振り返らせます。さらに，一次関数の学習内容を深く理解するためには，どのような視点で考えることが大切かをまとめさせます。学習内容を理解するための視点を整理することで，今まで学習してきた知識が関連付けられ，統合されることによって，それらは概念化していきます。そして，ここで振り返らせた視点の内容を全体で共有することで，今後の学習内容である一次関数の利用につなげていくことが大切です。

一次関数の小単元について
自分のペースと方法で学習しよう

▌課題

> 各自で1節「一次関数」の学習計画を立てて，各自のペースと学習方法で個別に学習しよう。

　この課題学習は一次関数の「一次関数とは」，「一次関数の値の変化」，「一次関数のグラフ」，「一次関数の式の求め方」の内容を小単元として，小単元内自由進度学習で全8時間を使って行います。

　単元内自由進度学習とは，教師からから示された学習範囲を決められた時間数で，生徒自身が学習計画を立てて，自分のペースや学習方法に応じて学習を進めるものです。

　教師は学習の手順として「内容理解」，「理解を深める」，「内容をまとめる」，「学びを振り返る」の4つの流れを生徒に確認します。

　生徒は，教師が用意した5枚の学習プリント（「一次関数とは」，「一次関数の値の変化」，「一次関数のグラフ①」，「一次関数のグラフ②」，「一次関数の式の求め方」）に沿って学習を進めます。そして，自分に合った練習問題を解き，理解を深め，学習した内容を「PowerPoint」のスライドにまとめます。自分のペースで自分に合った学習方法を考えながら学習します。

　教師は生徒の学習進度と理解度を把握するために，学習プリントと生徒が作成する「PowerPoint」のまとめスライドの内容を確認します。

■ 指導計画／本時の目標と評価規準／本時の実践例

(1)指導計画

時	学習内容	評価
1～8	y は x の一次関数であることを理解し，2つの数量の関係を，表や式に表す。 変化の割合の意味を理解し，変化の割合を求める。 一次関数のグラフの特徴について理解し，グラフをかく。 一次関数の式の求め方を理解し，式を求める。　　自由進度学習	知思
9	作成したまとめスライドをお互いに評価し合う。	知
10・11	二元一次方程式のグラフは直線であることを理解し，グラフをかく。	知思
12	2つの二元一次方程式のグラフの交点の座標を求め，連立方程式の解と関連付けて考える。	思
13	日常生活や社会の事象における問題を，一次関数を利用して解決する。	思
14・15	図形の問題を，一次関数を利用して解決する。	思態
16	日常生活や社会の事象を表したグラフを読み取って一次関数を見いだし，問題を解決する。	知思

(2)本時（第1～9時）の目標と評価規準

　一次関数の変化の割合，グラフのかき方，式の求め方を理解し，スライドにまとめることができる。また，自分に合った学習方法を考え，計画的に学習を進めることができる。

知識・技能	思考・判断・表現	主体的に学習に取り組む態度
一次関数の変化の割合，グラフのかき方，式の求め方を理解している。	一次関数の変化の割合，グラフのかき方，式の求め方や考え方をスライドにまとめることができる。	一次関数についての学習内容を自分で計画を立てながら，自分に合った学習方法を考え，振り返りながら，進んで学習しようとしている。

(3)本時（第１～９時）の実践例

①学習計画について

　自由進度学習を始める際に，生徒に８回分の全体計画を立てさせます。

　生徒は，この８時間の中で理解するべき内容を，教師がまとめたリストを基に各時間に何を学習するか計画を立てます。また，この計画の中に理解するために使う道具についても生徒に考えさせ，自分に適した学習方法を選択させます。このように，計画では学習する内容だけなく，どのように学習するかの計画を立てさせることが大切です。

②復習について

　毎時間のはじめに，前時の内容の中から重要なポイントを全体で確認します。復習の内容は，前時の生徒の活動の様子や生徒の振り返りの中から生徒がつまずいているところを中心に取り上げます。全体で行う復習を丁寧に行うと，自由進度学習の時間が削られるため，復習に時間を取りすぎないようにすることが重要です。

③「内容理解」について

　教師は，「一次関数とは」，「一次関数の値の変化」，「一次関数のグラフ①」，「一次関数のグラフ②」，「一次関数の式の求め方」の５つの学習プリントと，それらの解説用の「PowerPoint」データを用意します。また，同じ範囲の「スタディサプリ」という動画教材とワークシートも用意し，生徒に自分に合った方を選ばせます。自分のペースで学習を進めたい生徒は「PowerPoint」を選び，動画を視聴しながら学習を進めたい生徒は「スタディサプリ」を選択します。生徒自身がどのような学習方法が適しているのかを考え，自己決定することが大切であり，自己調整力につながると考えられます。

④「内容を深める」について

　生徒が理解を深めるためには，練習問題を解くことが大切です。教師は，生徒の理解度に合わせた難易度別のプリントデータや，「ミライシード」のドリルパークを活用してドリル練習ができるように設定します。また，生徒

が自分の理解度に適したワークやプリントを活用することも重要です。これらの方法を用いて，生徒が自分自身で学習を深められるように促します。

⑤「内容をまとめる」について

　「PowerPoint」のスライドで，生徒は「一次関数の値の変化」，「一次関数のグラフのかき方，特徴」，「一次関数の式の求め方」の3つから1つを選び，選んだ内容を各自で要点を考えながら1枚のスライドにまとめます。スライドを作成することで思考が整理され，自分の理解度を再確認することができ，より知識を深めることができます。

▌「自己評価・相互評価」について

(1)相互評価

　生徒たちが作成する「PowerPoint」のスライドは，共同編集できるように設定します。そして，作成途中の内容を共有し合い，お互いによい点や改善点についてコメントするよう，教師が指導します。このような学習方法を行うことで，作成した内容を再度振り返り，より質の高いスライドを作成することができます。最後に生徒は「一次関数の値の変化」，「一次関数のグラフのかき方，特徴」，「一次関数の式の求め方」の3つの内容のそれぞれからよりわかりやすいスライドに投票します。投票を行うことで生徒のモチベーション向上につながると考えられます。投票結果を分析することで，生徒たちは他の生徒たちがどのようなスライドを作成したかを知ることができます。

(2)学習の振り返り

　生徒が毎時間の終わりに「Excel」に振り返りを入力します。これを共同編集にすることで，振り返りの内容を共有し合うことができます。この振り返りの内容を共有することで，生徒たちは振り返り方を学ぶことができ，自己評価の客観性が向上することが期待できます。

一次関数で比べることができる事柄を見つけ，問題と解説を作成しよう

▌課題

> 　身の回りで，一次関数を使って比べることができる事柄の問題を作成し，お互いに解き合い，評価しよう。

　この課題学習は全2時間を使って行います。

　1時間目では，生徒が身の回りで一次関数を使って比較できる事柄について考え，問題を作成します。そして，その問題の解説を「PowerPoint」のスライドで作成します。

問題

体育祭に向けて、学級でオリジナルTシャツを作ることになりました。下の3社から選びます。あなたはどこの業者を使いますか？
最大40枚まで注文できます。

ねこ社：1枚2000円（プリント代も込み）

いぬ社：無地が1枚1000円でプリント型代は25000円

かめ社：40枚まで定額60000円

　2時間目では，3人で1つのグループをつくり，生徒が作成した問題をグループ内で解き合い，問題の解説を「PowerPoint」のスライドを使って行います。

　授業の流れは，最初に1人の生徒が作成した問題を残りの2人の生徒が5分間で解きます。その問題の解説は，問題を作成した生徒が行います。

　その後，問題を作成した生徒は，作成した問題と解説について自己評価を行い，問題を解いた生徒は解いた問題と解説について評価を行います。これをグループの3人全員が順番に行います。

　そして，自己評価と相互評価の内容を踏まえ，各自振り返りを行います。

■ 指導計画／本時の目標と評価規準／本時の実践例

(1)指導計画

時	学習内容	評価
1	y は x の一次関数であることを理解し，２つの数量の関係を，表や式に表す。	知
2	変化の割合の意味を理解し，変化の割合を求める。	知
3〜5	一次関数のグラフの特徴について理解し，グラフをかく。	知思
6・7	一次関数の式の求め方を理解し，式を求める。	知
8・9	二元一次方程式のグラフは直線であることを理解し，グラフをかく。	知
10	２つの二元一次方程式のグラフの交点の座標を，連立方程式の解と関連付けて求める。	知思
11	日常生活や社会の事象における問題を，一次関数を利用して解決する。	知思
12	図形の問題を，一次関数を利用して解決する。	思
13	日常生活や社会の事象を表したグラフを読み取って一次関数を見いだし，問題を解決する。	思態
14	身の回りで，一次関数を使って比べることができる事柄の問題と解説を作成する。	思
15	他の人が作成した問題を解き，作成した問題の解説を行い，お互いに評価する。	思態

(2)本時（第14・15時）の目標と評価規準

　一次関数を使った問題と解説を作成し，作成した問題の解説を行い，自己評価と相互評価をすることができる。

思考・判断・表現	主体的に学習に取り組む態度
作成した一次関数を使った問題について，スライドを使って解説をすることができる。また，評価基準を基に，適切に自己評価と相互評価を行うことができる。	他の人に作成した問題についての解説を意欲的に行おうとしている。また，自己評価と相互評価を通して，一次関数を利用した問題解決の過程を振り返って検討しようとしている。

(3)本時（第14・15時）の実践例

①身の回りから一次関数を使った問題作成

　生徒は，日常生活で一次関数を使って比べることができる事柄を考えます。日常生活の疑問を一次関数を使って解決することで，生徒が一次関数の実用性を実感することが目的です。

　生徒は，身の回りで起こる事象を一次関数として表現できるよう，グラフや式を作成します。そして，そのグラフや式を基に，２つ以上の事象を比較する問題を考えます。問題の内容は，２つ以上の事象のグラフや式を比較し，どのような関係があるかを具体的に分析することです。また，問題を作成するときに，変域を考えることが大切になります。そこで教師は，グラフを表す範囲はその変域に含まれているかを必ず確認させます。

②解説作成

　生徒は問題と解説を「PowerPoint」を使って作成します。解説のスライドは説明するための補助資料として作成します。そのため，教師は文字の分量や大きさなど見やすさについても生徒に考えさせ，図や表，そしてアニメーションなどを取り入れるように指導します。このような活動を通して，プレゼンテーションスキルの育成を図ることができます。

③グループで問題の解き合い

　３人で１つのグループをつくり，１人の生徒が作成した問題を残りの２人の生徒が５分間で解きます。問題を解いている間，問題を作成した生徒は解答者たちがどのように考えているか確認し，どこを重点的に解説すればよいか考えます。解説は，問題を作成した生徒が事前に作成したスライドを活用しながら，問題を解いた生徒たちがつまずいていた内容を中心に行います。

　このように，他の生徒たちが自分の作成した問題をどのように考えているかを知ることで，問題を多角的な視点で理解することができます。

▌「自己評価・相互評価」について

(1)自己評価・相互評価について

　「コラボノート」を使って解説をした生徒と，その解説を聞いた生徒が相互に評価を行います。評価方法は，解説を行った生徒に対する評価を入力します。評価項目は，「問題設定について」，「解説のわかりやすさ」，「内容の正確性」の３つです。それぞれの評価基準に沿って３段階で評価し，その評価を付けた理由をコメントで入力します。

　「コラボノート」を活用することで，同時編集ができます。そのため，他の人がどのような評価やコメントを書いているのかを確認しながら入力できます。共有することで，評価する際にもお互いに学び合い，評価方法を向上させることができます。

　自己評価や相互評価を通じて，自分のよさや改善点を確認することができます。これにより，自分自身の学習効果を高め，他の人の学習にも貢献できます。また，他の人からフィードバックを受けることで，より具体的な内容を把握することができます。よりよい相互評価を行えるように，教師は事前に建設的なフィードバックの内容を考えることを指導します。例えば，フィードバックを受けた生徒がどのように改善することができるかを具体的に示すなど，より効果的なフィードバックの仕方を教えることが重要です。

(2)個人の振り返り

　自己評価と相互評価の内容を基に，各自で振り返りを行います。また，毎時間の終わりに記入した振り返り内容を確認しながら，この単元で行った学習全体を振り返り，自分自身で整理し，改善点や今後の学習方針を立てさせることが重要です。

〈参考文献〉
※１　大日本図書『数学の世界２（令和３年版）』教師用指導書，p.96

2直線のグラフの交点について
式とグラフの関係を理解しよう

▌課題

> 　2直線のグラフの交点について，式とグラフの関係を「Google スプレッドシート」にまとめ，理解しよう。

　本単元では，具体的な事象における2つの数量の変化や対応を調べることを通して，一次関数について考察します。また，関数関係を見いだし考察し表現することができるようにします。一次関数の学習は比例の発展でもあるので，変化の割合に着目するなど文字を用いた式によって関数をより深く学習することにつながります。1時間目は具体的な事象の中にある2つの数量の関係について考察し，比例や反比例の復習や新たな関数である一次関数の意味を理解していきます。2時間目は変化の割合について学習し，一次関数や比例，反比例の変化の割合について調べていきます。ここで，一次関数と比例の関係についても学習します。3・4時間目は一次関数の特徴を表，式，グラフで捉え，それらを相互に関連付けて一次関数についての理解を深めます。5・6時間目は二元一次方程式 $ax + by + c = 0$ を x と y の間の関数関係を表す式とみなすことができるように考えていきます。また，y について等式変形することによって，y は x の一次関数としてグラフの意味を理解します。7時間目は連立二元一次方程式の解は，座標平面上の2直線の交点の座標であること学習します。連立二元一次方程式をそれぞれ等式変形して一次関数の式として，グラフをかき交点を求め，また，連立二元一次方程式を解きます。そして，交点の座標と方程式の解が等しいことを理解します。

▌指導計画／本時の目標と評価規準／本時の実践例

(1)指導計画

時	学習内容	評価
1	具体的な事象の中にある2つの数量の関係について考察することを通して，一次関数の意味を理解する。	知
2	変化の割合の意味を見いだして理解し，一次関数や他の関数の変化の割合について調べる。	知
3・4	一次関数の特徴を，表，式，グラフから見いだし表現する。	思態
5・6	二元一次方程式のグラフの意味を理解する。	知
7	連立二元一次方程式の解は，座標平面上の2直線の交点の座標であることを見いだす。	知態
8・9	グラフを基にして，一次関数の変域を調べる。	思
10・11	具体的な問題を解決するために，事象における2つの数量関係を一次関数とみなして考察し，表現する。	思態
12	入試問題の過去問に取り組む。	思
13	単元テストを行う。	知思

(2)本時（第7時）の目標と評価規準

　連立二元一次方程式の解は，2直線のグラフの交点になることを理解し，交点をもたないときの式とグラフの関係について自己評価し，問題解決の過程を振り返ることができる。

知識・技能	主体的に学習に取り組む態度
連立二元一次方程式の解は，式とグラフを関連付けて座標平面上の2直線の交点の座標であることを見いだすことができる。	連立二元一次方程式の解は，式とグラフを関連付けて座標平面上の2直線の交点の座標であることを振り返って評価・改善しようとしている。

(3)本時（第7時）の実践例

次の二元一次方程式のグラフを同じ座標平面上に書いて，2つの直線の交点の座標を求めなさい。

(1) $\begin{cases} x + 4y = 12 \\ 3x - 4y - 4 = 0 \end{cases}$

(2) $\begin{cases} x + y = 4 \\ y = -x - 2 \end{cases}$

(3) $\begin{cases} y = \dfrac{1}{2}x + 3 \\ -x + 2y = 6 \end{cases}$

本時の学習課題において，(1)は，2つの二元一次方程式のグラフを同じ座標平面上に書いて交点の座標を求めたり，連立二元一次方程式と考え方程式を解き，解を求めたりすることができる問題となっています。グラフを用いることにより，連立二元一次方程式の解の意味を視覚的に捉えて理解することができます。ただし，グラフを用いて交点の座標を求める方法は，座標が整数ではないときや座標平面上に表せないときには，求めることができません。つまり，汎用的に2直線の交点の座標を求めることができる方法は，連立二元一次方程式の解を求めることだということを学習します。

ところが，(2)，(3)において，連立二元一次方程式で解いてみると解を求めることができません。そこで，なぜ，連立二元一次方程式を解くことができないのかを式の特徴を調べたり，グラフに表したりして「Google スプレッドシート」にまとめていきます。(2)においては，式の特徴を考えると傾きが等しくなり，グラフで表すと2直線は平行であるということがわかります。つまり，交点をもつことがないことがわかります。(3)においては，式の直線を考えると同じ式になることがわかり，グラフに表すと1つの直線しか出てきません。つまり，解が無数にあることがわかります。

▌「自己評価・相互評価」について

(1)自己評価の方法

　生徒は，学習課題(1)～(3)の解決に向けて取り組みます。しかし，(2)，(3)については，２直線の交点をもたなかったり，２直線が等式変形をすると同じものだったりする問題になっています。つまり，２つの直線が交点をもつときやもたないときにはグラフと連立方程式の計算からどのようなことがわかるか問題解決の過程を振り返りながら下の表の「Google スプレッドシート」にまとめていきます。そして，学習課題(1)～(3)の解決を通して，わかったことを振り返るようにします。

自己評価	(1)における交点の座標について	(2)における交点の座標について	(3)における交点の座標について
グラフからわかること			
連立方程式の計算からわかること			
(1)，(2)，(3)の学習課題を振り返ってわかったこと			

(2)相互評価後

　本時は，単元の７時間目ということもあり，ここまでの一次関数の理解度について把握したいところです。学習課題の(2)，(3)については，発展的な問題になっていますが，一次関数の式とグラフの関係を見いだしたり，二元一次方程式と一次関数の関係について確認できたりする問題になっています。よって，本時で用いた自己評価を基に教師は，総括的評価を行います。主に，グラフと式の関係の理解ができているかどうかを評価します。その際，「(1)～(3)の学習課題を振り返ってわかったこと」の振り返りを中心にグラフと式の関係について理解できているかどうかを評価します。また，理解が十分できていないと評価した生徒については，個別指導によって対応していきます。

確率論の幕開けとは何か？
確率を用いて考察し，表現しよう

▌課題

> 　直感的に予想した理由を動画に撮影し，その後，数学的確率を用いて問題を解決した後に最初の動画を確認し，問題解決の過程を振り返り，自己評価しよう。

　本単元では，確率を求めることだけを目的とするのではなく，不確定な事象に関する問題解決を重視し，生徒が確率を用いて説明することが大切です。その際，日常や社会に関わる事象を取り上げ，確率を用いて説明できる事柄を明らかにすることが必要です。今回は「AとBの2人で，先に3回勝った方が勝ちとする勝負をする。Aが2回勝ち，Bが1回勝ったところでやむをえず勝負を中止することになった。AとBへのかけ金の配分は，いくらずつにすれば公平か」という問題を日常生活の事象に置き換えて学習課題を作成します。この問題は，「確率論の幕開け」と言われ，パスカルとフェルマーが手紙で意見交換しながら解決したと言われています。本時では，学習課題を提示した後に，直感的に予想させます。そして，直感的に予想した理由を動画に撮影します。ほとんどの生徒が，Aさんが2回，Bさんが1回勝っていることから，かけ金を2：1に分けた方がよいのではないかと予想します。この直感的に考えたことが，本当に正しいかどうか確率を用いて考察していきます。そして，確率を用いて考えたときとの思考の変容を，最初の動画を見て自己評価し，問題解決の過程を振り返ります。このように，日常生活の事象を確率を用いて解決することで，学んだことを生活や学習に生かせることにつながります。

■ 指導計画／本時の目標と評価規準／本時の実践例

⑴指導計画

時	学習内容	評価
1	特別な2つのさいころを同時に投げたときの目の出方を予想する。	思
2	特別な2つのさいころを同時に投げたときの目の出方（場合の数）を基にして得られる確率の意味を理解する。	知態
3・4	起こり得る全ての場合が同様に確からしいときの確率の求め方を見いだし，確率を求める。	思
5	確率の範囲や余事象の起こる確率について理解する。	知
6	樹形図や二次元表を用いて場合の数を求め，いろいろな確率を求める。	知
7	席替えの問題を解決するために，確率を活用して考察し説明する。	思態
8	パスカルとフェルマーの手紙交換から始まった確率論の幕開けの問題を解決するために，確率を活用して考察し説明する。	思態
9	モンティ・ホール問題の問題を解決するために，確率を活用して考察し説明する。	思
10	単元テストを行う。	知思

⑵本時（第8時）の目標と評価規準

　日常生活の事象を数学的に捉え，確率を用いて考察し表現することができる。また，自分の考えの変容を自己評価し，問題解決の過程を振り返って評価・改善することができる。

思考・判断・表現	主体的に学習に取り組む態度
確率を用いて不確定な事象を捉え考察し表現することができる。	不確定な事象の起こりやすさについて学んだことを生活や学習に生かそうとしている。

(3)本時（第８時）の実践例

> 　Ａさんとｂさんは先に３勝した方が優勝となるゲームの大会に出場しています。Ａさんが２勝，Ｂさんが１勝したときに，急に大会が中止となりました。大会の開催者は優勝者に与えられる賞金300万円をどうすればよいか悩んでしまいました。どのようにすればＡさんとＢさんは納得するだろうか。

　本時の学習課題から直感的にＡさんとＢさんの納得できる金額を考えさせます。多くの生徒は，Ａさんが２回，Ｂさんが１回勝っているという理由から，かけ金を２：１にすればよいのではと考え，「Ａさんに200万円，Ｂさんに100万円」と考えます。中には，どちらにも勝敗が付いていないという理由から「ＡさんもＢさんも０円」や「ＡさんもＢさんも150万円ずつ」と考える生徒もいます。また，この時点でＡさんが勝っているという理由から「Ａさんに300万円，Ｂさんに０円」と考える生徒も出てきます。

　この生徒とのやり取りの中で，教師は次のような発問をします。「大会の開催者は多くの生徒が考えたようにＡさんに200万円，Ｂさんに100万円にしようと考え，２人に伝えたのだが，Ａさんに『それは納得できない。少なすぎる。私（Ａさん）に225万円，Ｂさんに75万円だったら納得する』と言われたらしい。その理由はなぜかをＡさんから聞くとみんな納得してその分け方にしたようだ」と生徒に投げかけ，揺さぶりをかけます。そこで，みんなはなぜ「Ａさんが225万円，Ｂさんに75万円」だったら納得したのかを考えさせ，その理由がわかったら再度，その理由を動画で撮影し，記録します。

　今回の学習課題は，何を使うと考察できそうかを考えさせ，「このＡさんが２勝，Ｂさんが１勝という条件は変わらないのだから，この後からＡとＢがそれぞれ勝つ確率を求める」ことを確認し，学習課題の解決を目指していきます。

▍「自己評価・相互評価」について

(1)自己評価の方法

　今回のように予想してから解決へ向かう学習課題は，あらかじめ自分自身がどのように予想したのか，そして，なぜそのように考えたのかを記録に残しておくことは，後から自己評価につなげる際にとても大切です。もちろん，ノートに予想やその理由を記述する方法もありますが，自分の言葉で自分の考えを動画として記録して，その動画を見返すことはメタ認知を促すことにもつながります。また，生徒は，学習課題を解決できた際にもその解決方法を動画で撮影し，記録します。最初の動画と最後の動画を見返すことでさらにメタ認知を促すことができます。

　最後にその2つの動画を見返しながら今回の学習課題の解決過程を振り返る記述をさせていきます。なぜ，直感的にそのように考えたのか，直感的な考えと改めて確率で考えたことにはどのような違いがあったのかを振り返ることができます。

(2)教師の役割

　学習課題を解決できなくて，2回目の動画の撮影ができない生徒も出てきます。その生徒には，今現在，どのように考えているのか，どのように解けると考えているのかを動画で撮影させます。自分の言葉で話すことでどこまでわかっているのか，どこでつまずいているのかが把握しやすくなります。

　そして，学習課題を解決できた生徒の動画を見ることによって，解決できていない生徒は，自分の2つの動画と友達の動画の3つを用いて振り返ることができ，どこで自分がつまずいたかが明らかになります。

〈参考文献〉
・文部科学省（2017）「中学校学習指導要領（平成29年告示）解説　数学編」
・学校図書『中学校数学2（令和3年版）』

条件を変更した問題づくりを行い，統合的・発展的に考えよう

▌課題

> 　条件を変更した問題づくりを行い，統合的・発展的に考え，問題解決の過程を振り返って自己評価しよう。

　本単元では，同様に確からしいことに着目し，樹形図や表などの数学的な表現を用いて説明し合うことを通して，場合の数を基にして得られる確率の求め方を考察し，表現できるようにすることが大切です。

　1時間目では，1学年の統計的な確率の復習を行います。そして，2時間目では，多数回の試行の結果を基にした統計的な確率が数学的な確率に近づくことを学習します。3，4時間目では，同様に確からしいことについて学習し，起こり得る全ての場合を基に確率を求めていきます。5時間目では，確率の範囲や余事象の起こる確率について理解を深めていきます。6時間目では，樹形図や表などの数学的な表現を用いて，いろいろな確率を求めていきます。

　7～9時間目にかけては，日常の事象から問題を見いだし，確率を求めていきます。本時である7時間目では，ある2つの条件において確率を求め，どちらの方の確率が高いかを求める問題になっています。その際，直感的に予想を立てて，その予想が正しいかどうかを調べるために樹形図や表などをつくって起こり得る場合の数を求め，それぞれの確率を求めていきます。生徒が主体的・対話的に取り組むことができるようにして，深い学びの実現につなげることが大切です。

■ 指導計画／本時の目標と評価規準／本時の実践例

(1)指導計画

時	学習内容	評価
1	特別な2つのさいころを同時に投げたときの目の出方を予想する。	思
2	特別な2つのさいころを同時に投げたときの目の出方（場合の数）を基にして得られる確率の意味を理解する。	知態
3・4	起こり得る全ての場合が同様に確からしいときの確率の求め方を見いだし，確率を求める。	思
5	確率の範囲や余事象の起こる確率について理解する。	知
6	樹形図や二次元表を用いて場合の数を求め，いろいろな確率を求める。	知
7	席替えの問題を解決するために，確率を活用して考察し説明する。	思態
8	パスカルとフェルマーの手紙交換から始まった確率論の幕開けの問題を解決するために，確率を活用して考察し説明する。	思態
9	モンティ・ホール問題の問題を解決するために，確率を活用して考察し説明する。	思
10	単元テストを行う。	知思

(2)本時（第7時）の目標と評価規準

確率を活用した問題解決の過程を振り返って，新たな問題をつくり，統合的・発展的に考え，自己評価することができる。

思考・判断・表現	主体的に学習に取り組む態度
確率を用いて不確定な事象を捉え，図や表を用いて考察し，新たな問題をつくり統合的・発展的に考えることができる。	確率を活用した問題解決の過程を振り返って，新たな問題をつくり評価・改善しようとしている。

(3)本時（第7時）の実践例

男子列・女子列ともに席替えをするとき，かい君が気になるあの子の隣になる確率を求めよう。

	教卓		
女子列	男子列	女子列	男子列
□	□	□	□
□	□	□	□
□	□	□	かい君

　本時の学習課題は，NHK for School「アクティブ10　マスと！」の確率の動画を活用します。

　この動画のあらすじについて説明します。主人公のかい君のクラスは，今日席替えをすることになっています。かい君は，隣の席の気になる女の子と離れたくないようです。「席替えなんてしたくありません」と先生に伝えたところ，女子の列だけ席替えをすることになりました。【女子列のみの席替え】と【男子列・女子列ともに席替え】を比較すると気になるあの子と隣になる確率は，どちらの方が高いか悩んでいる動画です。

　現在，かい君は図の席にいて，【女子列のみを席替え】したときの確率は，「$\frac{1}{6}$」となります。次に，【男子列・女子列ともに席替え】したときの確率は，表や樹形図などを用いると，「$\frac{1}{4}$」となります。つまり，【女子列のみの席替え】と【男子列・女子列ともに席替え】を比較すると，【男子列・女子列ともに席替え】の方が気になるあの子と隣になる確率は高くなることがわかります。生徒は，今回の学習課題を解決した後に，この学習課題の条件を変更させて，新たな問題をつくりその問題を解決していきます。生徒がつくる新たな問題は例えば，「男子と女子が交互（市松模様）になるようにする席替えの確率」や「男子と女子の席が決まっていない席替えの確率」が出てきます。さらに発展的に考える生徒は，「男子6人，女子6人」という条件を「男子が18人，女子が18人」に変更して考える生徒も出てきます。

■「自己評価・相互評価」について

⑴自己評価の方法

　今回の学習の振り返りをクラス全員で共有された「Google スプレッドシート」に記入します。共有されたスプレッドシートであることから，友達の振り返りも同時に見ることができます。その際，今日の学習において，「できるようになったこと」，「大切だと思ったこと」を振り返りの視点として記入させるようにします。下は，共有されたスプレッドシートの一部です。

出席番号（下二桁）	今日の授業での学習から，「いろいろな確率③（活用①）」について自分なりに大切だなと思った内容や考え方をまとめてみましょう。
01	樹形図にも表にも，それぞれの良さがあるので，それを活用して使い分けることが大切だと思った。
02	樹形図と表にはそれぞれの良さがあるので，自分の目的や効率を考えて使い分けたい。
03	表は規則性がわかりやすくて，図はパット見で組み合わせがわかりやすいというそれぞれの利点を理解して使い分けることが大事だと思った
04	樹形図には，見やすいという良さがあり，表には規則性がわかるという良さがある。その2つを上手く応用することで，様々な視点から確率を考えることができる。
05	男女を数字とアルファベットで区別することで，正しく求めることができた。また，表や図の良さを活かして考えていけたら良いと思う。
06	表や樹形図にはそれぞれの良さがあるので，それを生かして使い分けるべき。また，二種類あるときは，区別するときは文字と数字などで振るものの種類を分けるとわかりやすい。
07	最初に引いた確率によってその先の確率が変わる確率の計算をすることができるようになった。樹形図や表などで，全体数とその事象が起こる数を確認することが大切だと感じた。
08	条件によっても変わるけど，同じものをまとめることができるという点から，樹形図のほうが使いやすいと思った。
09	樹形図を用いることで，視覚的にわかりやすく確率を求めることができた。
10	確率はごっちゃになることが多くよくミスをしてしまうので，表や樹形図を効果的に用いていきたい。

⑵自己評価後

　全員の学習の振り返りを「テキストマイニング」で変換します（※）。そうすることで，今回の授業において，何ができるようになったのか，大切なのかがわかり，自己評価のポイントとして活用することができます。

〈参考文献〉
・NHK for School「アクティブ10　マスと！」
※　ユーザーローカル AI テキストマイニングによる分析（https://textmining.userlocal.jp）

長縄跳びの記録について
考察し，表現しよう

▌課題

> 5つの学級の長縄跳びの記録のデータを箱ひげ図で比較し，自分の考えを「Googleスライド」でまとめ，他者の考えと比較しよう。

　データの分布の単元では，1時間目から4時間目にかけて下の表の5つの学級の長縄跳びのデータを用いて学習します。

記録（跳んだ回数）

	1組					2組					3組					4組					5組				
1回目	14	9	14	22	18	12	20	21	13	14	22	11	25	18	22	17	14	13	26	17	15	14	12	14	14
2回目	9	12	15	22	19	12	17	20	16	26	17	23	13	22		19	17	18	18		12	12	12	13	16
3回目	14	17	28	19	21	16	29	17	21	17	19	11	19	26	15	18	26	32	22		7	9	11	7	
4回目	19	21	29	24		14	19	27	16	21	23	32	17	23		28	12	24	19		25	21	24	25	33
5回目	25	18	31	31	27	24	15	35	20	16	24	27	16	28	18	23	33	16	20		33	31	33	33	31

　1時間目は5つの学級の長縄跳びのデータを最大値や最小値，範囲，代表値（平均値・中央値・最頻値），ヒストグラムなどの統計的手法を用いてデータを比較し，記録がよい組について考察します。1学年で学習するデータの活用の復習をします。2時間目は1つの学級の長縄跳びのデータを用いて，四分位数や四分位範囲などについて確認し，箱ひげ図の書き方と意味について学習します。また，残りの4つの学級の長縄跳びのデータを練習問題として活用し，箱ひげ図の書き方について学習を深めます。ちなみに，1組から5組のデータの総数は異なっていることから，第1四分位数や中央値（第2四分位数），第3四分位数の求め方の違いについても学習します。3時間目は1組から5組までの箱ひげ図と1時間目で作成したヒストグラムの関係性

について学習します。4時間目はこれまでの学習を通して得たことを活用して，5つの学級を箱ひげ図だけで比較したときに，どの学級が記録がよいかを考察し表現します。最終的には，1時間目で考察した結果と箱ひげ図だけで考察したときの結果を比較して，考察結果が異なった場合は，なぜ異なったのか理由を明確にしていきます。

▌指導計画／本時の目標と評価規準／本時の実践例

(1)指導計画

時	学習内容	評価
1	5つの学級の長縄跳びの記録のデータを比較し，どの学級が記録がよいかについて調べる。	態
2	四分位範囲，四分位数の意味と求め方を理解し，箱ひげ図の書き方と意味を理解する。	知態
3	四分位範囲を用いて，複数のデータの散らばりのようすについて比較したり，箱ひげ図とヒストグラムを比較したりして，分布のようすを調べる。	知態
4	長縄跳びの記録のデータを箱ひげ図で比較し，データの傾向について考察し，表現する。	思態
5	3人のバスケットボール選手の得点のデータを箱ひげ図などを活用し，傾向を比較して読み取り，批判的に考察し，説明する。	思態
6	単元テストを行う。	知思

(2)本時（第4時）の目標と評価規準

　長縄跳びの記録のデータを箱ひげ図で比較し，データの傾向について考察し「Google スライド」を用いて表現することができる。また，問題解決の過程を振り返って，相互評価し，改善することができる。

思考・判断・表現	主体的に学習に取り組む態度
四分位範囲や箱ひげ図を用いてデータの分布の傾向を比較して読み取り，批判的に考察し，判断することができる。	四分位範囲や箱ひげ図を活用した問題解決の過程を振り返って評価・改善しようとしている。

(3)本時（第4時）の実践例

　運動会の学年種目で学級全員による「長縄跳び」を実施することになりました。順位の決め方は，5分間で，連続して最も多く跳んだ順番で決定します。どの学級も優勝を目指して昼休みに練習をしています。次の資料は，その練習の様子を記録したものです。優勝候補は，どの学級だろうか。

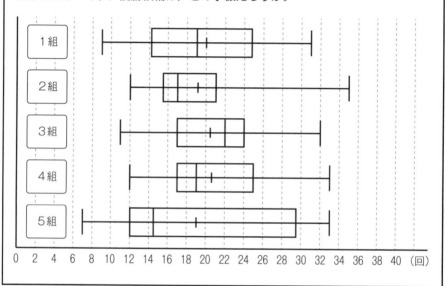

　本時の学習課題では，5つの学級を箱ひげ図だけで，優勝候補はどの学級になるか予想させます。その際，平均値や中央値，最大値，最小値だけで考えさせるのではなく，それらを組み合わせたり，箱ひげ図の性質を活用したりして考えさせるようにします。例えば，3組では，箱が17〜24回の部分にあり，中央値がどの学級よりも高いことが考察できます。また，4組では，平均値や最小値がどの学級よりも高いことが考察できます。そして，5組では，第3四分位数と最大値の幅が狭いことから28〜34回を約25％の確率で跳ぶことができると考察できます。

　このように，どの学級を優勝候補と結論付けたとしても，根拠を明確にして判断することが大切です。

▌「自己評価・相互評価」について

(1)相互評価の基準

　「中学校学習指導要領（平成29年告示）解説　数学編」には，「批判的に考察することとは，物事を単に否定することではなく，多面的に吟味し，よりよい解決や結論を見いだすことである」と記載されています。多面的に吟味するために下の表のように評価の基準を生徒と共有します。

評価	思考・判断・表現	主体的に学習に取り組む態度
「十分満足できる」状況（A）	四分位範囲や箱ひげ図から読み取れる複数の根拠を組み合わせて優勝候補を予想することができた。	自分と他者の予想を比較して問題解決の過程を振り返ろうとした。
「おおむね満足できる」状況（B）	四分位範囲や箱ひげ図から読み取れる根拠から優勝候補を予想することができた。	自分の予想に向けた問題解決の過程を振り返ろうとした。
「努力を要する」状況（C）	おおむね満足できると判断される状況に達していないもの	

(2)相互評価の方法

　「Google スライド」でまとめたそれぞれの考えを4人グループで発表していきます。その際，根拠となる数値や考えが明確かどうかを4人で確認していきます。また，よりよい解決や結論を見いだすために，自分と他者の予想を比較して，さらに根拠となる数値や考えがないかを吟味し，問題解決の過程を振り返ります。

3人のバスケットボール選手の記録について考察し,表現しよう

▌課題

> 　3人のバスケットボール選手のうち,どの選手を起用するかについて,統計的手法を用いて,批判的に考察し,自分の考えを「Google スプレッドシート」にまとめよう。

　本単元では,統計的な表現を用いて多面的に吟味することで,批判的に考察することの必要性に気付くことが大切です。

　2年では,データの傾向を捉える場合,簡潔さの観点から箱ひげ図のみを用いて説明することが予想されます。しかし,箱ひげ図のみで考察すると代表値が見えにくかったり,分布の形がわからなかったりして,失われる情報もあります。したがって,必要に応じて,代表値を求めたり,ヒストグラムで表したりするなどして様々な統計的な表現を組み合わせて考察することも大切です。

　指導計画において,1時間目は1年のデータの活用の復習をします。2時間目,3時間目は箱ひげ図の理解を深めます。また,4時間目は,箱ひげ図のみでデータの傾向について考察します。そして,本時の5時間目は,箱ひげ図はもちろん,小学校で学習した代表値や1年のデータの活用で学習したヒストグラムや相対度数などの統計的な表現を組み合わせて考察させていきます。

　そうすることで,批判的に考察することができ,多面的に吟味し,よりよい解決や結論を見いだすことができます。

■ 指導計画／本時の目標と評価規準／本時の実践例

(1)指導計画

時	学習内容	評価
1	5つの学級の長縄跳びの記録のデータを比較し，どの学級が記録がよいかについて調べる。	態
2	四分位範囲，四分位数の意味と求め方を理解し，箱ひげ図の書き方と意味を理解する。	知態
3	四分位範囲を用いて，複数のデータの散らばりのようすについて比較したり，箱ひげ図とヒストグラムを比較したりして，分布のようすを調べる。	知態
4	長縄跳びの記録のデータを箱ひげ図で比較し，データの傾向について考察し，表現する。	思態
5	3人のバスケットボール選手の得点のデータを箱ひげ図などを活用し，傾向を比較して読み取り，批判的に考察し，説明する。	思態
6	単元テストを行う。	知思

(2)本時（第5時）の目標と評価規準

　3人のバスケットボール選手のうち，どの選手を選ぶかについて統計的手法を用いて批判的に考察し，「Google スプレッドシート」にまとめ，表現することができる。また，問題解決の過程を振り返って，相互評価し，改善することができる。

思考・判断・表現	主体的に学習に取り組む態度
四分位範囲や箱ひげ図を用いてデータの分布の傾向を比較して読み取り，批判的に考察し，判断することができる。	四分位範囲や箱ひげ図を活用した問題解決の過程を振り返って評価・改善しようとしている。

(3)本時（第5時）の実践例

> バスケットボール部で，次の試合に出場する選手をA，B，Cの3人の中から
> 1人選ぶことになった。そこで，どの選手を起用するかを決めるために，3人の
> 選手の特徴をデータを用いて分析することにした。下の表は，A，B，Cの3人
> の選手が，最近10試合であげた得点を，低い順番に並べたものである。あなたが
> 監督ならば，どの選手を起用するだろうか。
>
> ただし，集めた3人のデータは，出場機会や時間は等しい。また，起用する試
> 合は，相手チームとの力の差は5人中4人がほぼ同じであり，選ぶのは最後の5
> 人目の先発メンバーである。

A	14	16	16	18	18	22	22	24	24	26
B	6	8	12	16	16	22	26	30	32	32
C	12	16	18	18	18	20	20	24	26	28

　本時の学習課題では，A，B，Cの3人の選手のうち，どの選手を起用す
るか根拠をもって説明できることが大切です。今回は，「○選手を起用する
理由」を説明させるために，立場をあらかじめ設定し，考察させていきます。
学級の生徒を三等分して，A選手，B選手，C選手を起用する立場をあらか
じめ設定します。そして，その選手を起用する根拠を考察していきます。そ
の際，小学校で学習した代表値や1年のデータの活用で学習したヒストグラ
ムや相対度数，2年で学習している箱ひげ図など様々な統計的手法によって
根拠を明確にしていきます。

　各自で考察が終わったら，同じ選手を起用する立場の生徒同士で集まり，
それぞれの考察結果を共有し，様々な角度から根拠を増やしていきます。そ
れらの根拠を基に「Google スプレッドシート」に考えをまとめていきます。
そして，A選手，B選手，C選手を起用する異なる立場の3人で集まり，
「Google スライド」を用いて発表していきます。

▌「自己評価・相互評価」について

(1)相互評価の方法

　下の表の「Google スプレッドシート」にそれぞれの立場で，「その選手を選ぶ根拠」の部分に記入していきます。そして，まとめたものを基に立場の異なる2人に向けて発表します。今回，立場をあらかじめ設定したことで，それぞれの選手を起用する根拠について考察する際，その選手のメリットに着目することが多くなります。つまり，他の選手を選ばない根拠となるデメリットについてはあまり着目して考察していません。よって，デメリットの部分を3人で考察し，相互評価しながら「Google スプレッドシート」に「その選手を選ばない根拠」の部分に記入していきます。

	その選手を選ぶ根拠	その選手を選ばない根拠
A 選手		
B 選手		
C 選手		

(2)相互評価後

　上の表にまとめ終わったら，最初に設定した立場に関係なく，自分が監督ならば，どの選手を起用するか，改めて考察していきます。そして，選手を1人選びその理由をまとめていきます。その際，「Google フォーム」を活用すると学級の考えが集約され，全員と共有することができます。

因数分解の公式を
わかりやすく説明しよう

▍課題

4種類の因数分解の公式の音声入り解説カードをつくり，作成した解説カードをお互いに評価し合おう。

この課題学習は全2時間を使って行います。

1時間目は，全体で課題の説明をし，「ロイロ」で4種類の解説づくりと音声を録音するための台本づくりを行います。その後，次の時間までに家庭学習の課題として，解説カードに音声を録音することと1人以上の人に「ロイロ」のチャット機能を使って，作成した音声入り解説カードを相手に送り，その相手から意見をもらった上で解説カードを完成させることを課します。

2時間目は，各自でクラスの人が作成した解説カードを視聴し，評価基準に沿って，全員分を「Forms」を使って，4段階で評価します。さらに一人一人に「よかった点」や「課題点」のコメントを「ロイロ」で作成し，作成者にフィードバックします。課題学習のまとめとして，フィードバックされたコメントを基に各自で振り返りを行います。生徒が評価した得点と各自の振り返りの内容を記録としての評価に生かします。

■指導計画／本時の目標と評価規準／本時の実践例

(1)指導計画

時	学習内容	評価
1	多項式と単項式の乗法，除法の計算のしかたを理解し，計算する。	知
2	式の展開の意味を理解し，多項式の乗法の計算のしかたを理解し，計算する。	知
3・4	展開の公式を理解し，展開の公式を使って式の展開をする。	知
5	展開の公式を利用して，いろいろな式の計算をする。	知
6	展開の公式を利用して，工夫して計算したり式の値を求めたりする。	思
7	因数分解の意味を理解し，分配法則を使って共通な因数をくくり出し，因数分解する。	知
8・9	因数分解の公式を理解し，公式を使って因数分解する。	知
10	因数分解の公式を利用していろいろな式を因数分解する。	知
11	因数分解の公式について解説カードの作成をする。	思
12	他の人が作成した解説カードを評価し，因数分解の公式についてまとめる。	思態
13	因数分解の公式を利用して，工夫して計算したり式の値を求めたりする。	思
14・15	数学の事象や図形における問題を，式の展開や因数分解を利用して解決する。	思態

(2)本時（第12時）の目標と評価規準

　作成した因数分解の解説カードについて相互評価を行い，因数分解の公式についてまとめることができる。

知識・技能	思考・判断・表現	主体的に学習に取り組む態度
因数分解の公式を理解し，公式を使って因数分解することができる。	展開の公式を逆とし，因数分解の公式を導き，どの公式を使えばよいかを，式の特徴を捉えながら的確に判断することができ，その公式を音声入りカードにまとめることができる。	今までの学習振り返りながら，因数分解の公式による解き方の説明をカードに粘り強くまとめようとし，わかりやすい説明について考えようとしている。

⑶本時（第12時）の実践例

①提出箱での回答共有

　家庭学習の課題であった音声入り
解説カードは，生徒に「ロイロ」の
提出箱に提出させます。この提出箱
では，各自が提出したカードが一覧
となり，「回答を共有する」を設定
すると，生徒同士で他の人のカード
を見て，解説を聞くことができます。

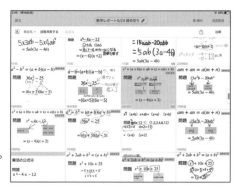

　各自のペースで一人一人のカード
を確認し，相互評価を行います。生徒の相互評価が曖昧にならないように，
教師は，全体に今回の課題学習の目標と評価基準を繰り返し説明します。

②学習の振り返り（自己評価）

　生徒は今回の課題学習の振り返りを「ロイロ」で行います。相互評価で他
の生徒から送られたコメントを基に，解説カード作成を通して，何がわかる
ようになったか，解説カードをつくる上で大切なことは何かを振り返ります。
その振り返りの中で，まとめる作業は思考整理につながることを価値付けし，
まとめることの重要性を全体で共有します。

■「自己評価・相互評価」について

⑴チャット機能での意見交換

　「ロイロ」の「送る」の機能で，生徒同士で送ることができる設定をしま
す。そうすることで，生徒は送りたい相手に作成した解説カードとそれに対
するコメントを送ることができます。さらに，教師は全生徒のやり取りをタ
イムライン上で確認することができるので，教師がそのやり取りで粘り強く
課題に取り組んでいる姿を見取ります。作品を提出する前に，他者に確認し

てもらい，他者の作品と
自分の作品を比較するこ
とで，客観的に自分の作
品を捉えることができま
す。

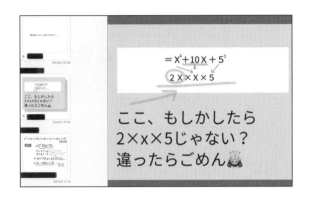

⑵相互評価と記録としての評価

　相互評価として１～４の４段階の得点とコメントの２つを行います。コメントは得点の裏付けになるものとして，その場ですぐにフィードバックできるように「ロイロ」の送る機能で直接生徒に送らせます。得点は「Forms」を使い，平均値を出し，その点数と教師が採点した得点を含め，記録としての評価に生かします。４段階の評価基準を明確に示していることもあり，教師が付けた評価との差は大きくなかったものの，生徒が付けた相互評価の得点の平均値は，全体的に教師よりも低い評価になることがわかりました。このことも生徒にフィードバックし，繰り返し相互評価することで，教師と生徒の評価目線が近づいていくことが大切であると感じています。

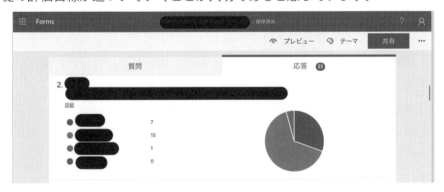

平方根トランプゲームを作成し，
お互いのオリジナルゲームを行おう

▌課題

中学３年の平方根トランプを使って，グループごとにオリジナルゲームを作成し，お互いのオリジナルゲームを評価し合おう。

この課題学習は全３時間を使って行います。１時間目は，グループごとで平方根トランプを使ったババ抜きを体験する。グループごとで平方根トランプのルールの確認を行い，平方根トランプについてグループで理解します。その後，グループごとで平方根トランプを使ったオリジナルゲームを創作します。

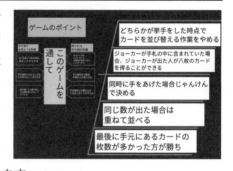

２時間目は，オリジナルゲームについての流れとルールを「ロイロ」でまとめます。さらに，平方根の知識に関わるゲームづくりを意識付けするために，教師は作成したオリジナルゲームを行うと得られる平方根の知識について生徒に考えさせ，その内容を「ロイロ」にまとめさせました。

３時間目は，他グループが作成したオリジナルゲームを行い，グループごとに評価基準を基に「ロイロ」で点数付けと「改善点」等を入力し，相互評価を行います。そして，相互評価と自己評価と振り返りを「ロイロ」で行います。

▌指導計画／本時の目標と評価規準／本時の実践例

(1)指導計画

時	学習内容	評価
1	ある数の平方根を根号を使って表し，根号のついた数を根号を使わずに表す。	知
2	平方根の大小の比べ方を理解し，それらの大小関係を，不等号を使って表す。	知
3〜4	有理数と無理数の意味を理解する。近似値や誤差の意味を理解し，測定値の真の値の範囲を，不等号を使って表す。	知
5	根号を含む数の乗法，除法の計算の方法を理解し，その計算をする。	知
6〜8	根号を含む数の変形の方法，分母を有理化することを理解し，平方根の近似値を求める。	知
9〜10	根号を含む乗法，除法，加法，減法の計算の方法を理解し，その計算について工夫して求める。	知思
11	根号を含むいろいろな式の計算の方法を理解し，その計算をする。	知
12	平方根トランプについて理解し，オリジナル平方根トランプゲームを作成する。	知
13	オリジナル平方根トランプゲームを作成する。	思
14	他グループが作成したオリジナル平方根トランプゲームを行い，振り返りを行う。	思態
15	日常生活や社会の事象における問題の解決に，平方根を利用し，求める。	知思
16	日常生活や社会の事象における問題の解決に，平方根を利用し，レポートにまとめる。	思態

(2)本時（第14時）の目標と評価規準

　他グループが作成したオリジナルゲームを行い，相互評価，自己評価と振り返りを行うことができる。

思考・判断・表現	主体的に学習に取り組む態度
平方根トランプを使って，数の変形を利用した新しい平方根トランプゲームを考えることができる。	オリジナルゲームを進んで考え，平方根について学んだことをトランプゲームのルールに生かそうとしている。

⑶本時（第14時）の実践例

①平方根トランプについて

　同志社中学校数学科の平方根トランプ（※１）は，以下のように，同じ数字を平方根で４種類に表したものです。このような数字が13種類あり，合計54枚（ジョーカー２枚を含む）になっているトランプカードです。

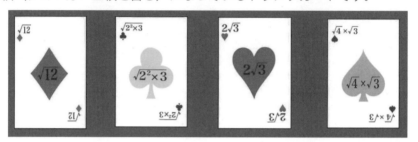

②他グループのゲームを行い，相互評価と自己評価を行う

　他グループが作成したトランプゲームについてまとめた「ロイロ」を基に他グループのオリジナル平方根トランプゲームを行います。教師は他のチームが作成したゲームについて，生徒にルールの改善点を考えさせるために，ゲームのポイントについてまとめ，ス

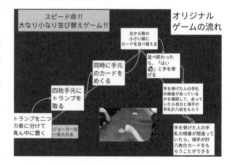

ライドの「平方根の必要な知識」，「得られる平方根の知識」について確認させます。そして，グループごとで話し合いながら相互評価を行います。作成した相互評価はすぐに該当グループに送り合い，その場でフィードバックできるようにします。

　その後，送られた相互評価の内容を基に，自分のグループが作成したトランプゲームを振り返りながら，自己評価を行い，最後にこの課題学習についての振り返りを各自で行いました。

■「自己評価・相互評価」について

(1)相互評価

　「ロイロ」を使って，相互評価を行いました。グループごとに評価基準に沿って得点に表し，このゲームの「よかった点」，「改善点が必要なところ」，「改善策」をまとめます。この相互評価を行う上で，生徒にゲームを行うと，より平方根の知識理解を深められるよ

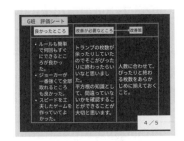

うにするには，どのようなルールの工夫が必要かに着目させて考えさせました。グループごとで相互評価を行うことで，多くの見方・考え方を知ることができ，どうすれば学習内容の理解が進むのかを客観的に考えることができます。このような活動を繰り返すことで，学習方法についてのメタ認知能力を養うことができます。

(2)自己評価と振り返り

　相互評価の内容を基に，グループごとに作成したゲームの振り返りを行います。相互評価の内容で出た改善点，改善策についてグループで協議し，ルールの再設定を行います。そして，自己評価として各自で作成したゲームのアピールポイントについて「ロイロ」を使ってまとめます。この内容は，「思考・判断・表現」の記録としての評価材として扱います。

　また，生徒に課題学習の振り返りを行わせます。平方根トランプのオリジナルゲームを作成する活動を通して，何がわかるようになり，何が変わったのかについて，学習過程の変化を各自で振り返らせます。この内容は，「主体的に学習に取り組む態度」の評価材として扱います。

〈参考文献〉
※1　同志社中学校　「ルートトランプ誕生」　ホームページ
　　　https://jhs.js.doshisha.ac.jp/wp-content/uploads/2018/12/2014rootTrump.pdf

知識構成型ジグソー法で
二次方程式の利用の学習をしよう

▎課題

> 中学3年の二次方程式の利用を3グループに分けて，グループごとで学習し，その学習した内容を互いに説明し合う。

　この課題学習は全4時間を使って行います。事前に「数」，「動点」，「道の幅」の3グループに生徒を分け，自分の担当内容を各自で学習します（前章の1「学習時間の確保」反転学習）。

　1時間目は，同じ担当同士でグループ（エキスパートグループ）をつくり，各自学習した内容で理解できなかった点を共有し，解決します。その後，教師が用意した練習問題を解きます。

　2時間目は，担当の学習内容を「ロイロ」を使ってスライドにまとめ，オリジナル問題の作成をします。

　3時間目は，異なる担当同士でグループ（ジグソーグループ）をつくり，2グループがお互いの内容を説明し合います。担当時間は20分間ずつ設け，各自作成したスライドを使って説明し，説明した相手に練習問題を解かせながら，質問の対応をします（この内容をミニ授業とします）。その後，お互いに「ロイロ」を使って，相互評価し，自己評価を行います。

　4時間目は3時間目と同様に残りの1グループがミニ授業を行い，自己評価と相互評価の内容を基に，各自の振り返りを行います。また，最後に小テストを実施し，生徒の理解度を教師が把握します。

■ 指導計画／本時の目標と評価規準／本時の実践例

⑴指導計画

時	学習内容	評価
1	二次方程式の必要性と意味及び二次方程式の解，二次方程式を解くことの意味を理解する。	知
2・3	因数分解を利用して二次方程式を解く方法を理解し，二次方程式を解く。	知
4・5	平方根の考えを利用して二次方程式を解く方法を理解し，二次方程式を解く。	知
6	二次方程式の解の公式の意味を理解し，解の公式を使って二次方程式を解く。	知
7	因数分解，平方根の考え，解の公式を利用した二次方程式の解き方の特徴を理解し，二次方程式を解く。	知思
8	グループごとで担当の二次方程式の利用の内容を理解する。	知
9	担当の二次方程式の利用の内容を理解し，スライドにまとめる。	知思
10	ジグソー法で2グループが担当の二次方程式の利用のミニ授業を行い，自己評価と相互評価を行う。	思態
11	ジグソー法で1グループが担当の二次方程式の利用のミニ授業を行い，二次方程式の利用について振り返る。	知態
12	章末の問題を解き，単元の振り返りを行う。	知思

⑵本時（第10・11時）の目標と評価規準

　ジグソー法で二次方程式の利用の内容を理解し，二次方程式の利用について振り返ることができる。

知識・技能	思考・判断・表現	主体的に学習に取り組む態度
日常生活や社会の事象における問題の解決に，二次方程式を利用できることを理解し，二次方程式を利用して問題を解決する方法を理解している。	日常生活や社会の事象における問題を，数量の関係に着目して，二次方程式を利用して解決することができる。また，その内容をスライドを使って，わかりやすく説明することができる。	二次方程式を日常生活や社会の事象における問題の解決に利用することに関心をもち，進んで相手に学習内容を説明しようとする。また，相互評価，自己評価を通して振り返ろうとしている。

⑶本時（第10・11時）の実践例

①ミニ授業について

　時間は20分間設定します。まず講師役の生徒が「ロイロ」で作成したスライドを使って解き方を説明し，次に，講師役の生徒が作成したオリジナル問題を解かせ，教わる側からの質問の対応をします。教師は生徒に問題を解決するまでの手順と複数の考え方をスライドにまとめるように条件設定します。また，説明の中で視覚的な理解を促すためにデジタル教科書のアニメーションを活用するなど，教わる側の生徒が内容の理解をしやすくするツールを，講師役の生徒に考えさせ，準備させます。

　さらに，教師は練習問題を用意せず，生徒が作成したオリジナル問題で練習問題を解きます。また，ミニ授業の中では，講師役の生徒が全ての指示を出し，教わる側の生徒の理解，丸付けを含めて20分間で完了するよう時間を考えて使います。教わる側の生徒も，講師役の生徒の指示のもと，同じグループ内の他の生徒に教える場面を設け，自分の説明と他の人の説明を比較し，表現方法の理解を深めます。

②オリジナル問題について

　生徒が作成する問題は，１時間目に教師が用意した練習問題の設定は変えずに数字だけを変えたり，設定そのものを変えたりして問題を作成させます。この問題づくりを通して，条件を変えたときの方程式の解が問題に適しているか吟味させます。そのために教師は１時間目に行うエキスパートグループで，お互いのオリジナル問題を解き合うように声をかけます。さらに，生徒にどのような条件設定をすると解が問題に適さなくなるかを考えさせ，スライドにまとめさせます。

　このように条件を変えて考える活動は，既習の知識を統合的，発展的に考えることができるようになり，このような見方・考え方は数学に限らず，日常生活の問題を論理的に解決する場面でも必要な力だと思っています。

▊「自己評価・相互評価」について

(1)相互評価・自己評価について

　「ロイロ」を使って相互評価・自己評価を行います。評価内容はミニ授業を受けて上手くできていたところと，修正が必要なところ，改善策の３つです。また，相互評価・自己評価の評価基準は課題学習の１時間目に生徒全体で話し合って決めます。決める際に教師は学習目標を提示し，どのような基準にすべきか生徒が意見を出し合い，全体の合意のもと基準を設定します。そのように設定することで評価が客観的な数値となり，評価内容も学習目標に沿った正しい視点の内容となります。

　発達段階に合わせて，生徒自身が評価基準を定め，相互評価や自己評価を行うことが大切です。このような活動を行うことでメタ認知能力を高め，自分の思考過程や課題などを客観的に捉え，主体的に学習に向かう態度や問題解決能力を高めることができます。

(2)振り返り

　「ロイロ」のスライドを使って振り返りを行います。振り返りは生徒に提出箱で提出させ，全体で共有します。他の生徒がどのような振り返りを行っているのか共有することで，振り返りの仕方を他者から学ぶことができます。

(3)記録としての評価

　「二次方程式の利用」の小テストを紙で行います。ここでは，理解度の把握を目的とするため，内容は教科書の基本的なものとし，教師が時間を設定し，採点を行います。この小テストの結果を「知識・技能」の記録としての評価材として扱います。また，説明で使ったスライドは「ロイロ」の提出箱で提出させ，その内容を「思考・判断・表現」の記録としての評価材として扱います。

二次方程式の解き方について
学習した内容を他クラスに教えにいこう

▌課題

> 　（中学３年の二次方程式の内容を習熟度の発展クラスの生徒が）標準，基礎クラスの生徒にミニ授業を行おう。

　この課題学習は全２時間を使って行います。

　１時間目に発展クラスの生徒は家庭学習で作成した，３種類の二次方程式の解き方（因数分解，平方根，解の公式）をそれぞれまとめたスライドをグループで共有します。その後，個別学習で練習問題を解きながら，学習した内容を確認します。その後，発展クラスの生徒は，次時に教える担当の生徒の理解度に合わせた説明スライドを「ロイロ」で作成します。

　標準，基礎クラスの生徒は，二次方程式の練習問題を解き，二次方程式の解き方について理解していない点を明確にします。

　２時間目は，発展クラスの生徒は，基礎，標準クラスの自分の担当の生徒に二次方程式の解き方についてミニ授業を30分間行います。ミニ授業の内容は，発展クラスの生徒が基礎，標準クラスの生徒に理解していない内容についてスライドを使って説明し，問題を解かせ，丸付けや質問対応を行います。

　その後，「ロイロ」を使って，発展クラスの生徒は教えた生徒へのアドバイスと行ったミニ授業について自己評価します。また，基礎，標準クラスの生徒は受けたミニ授業を評価し，ミニ授業で学んだことを１枚のスライドにまとめます。

■ 指導計画／本時の目標と評価規準／本時の実践例

⑴指導計画

時	学習内容	評価
1	二次方程式の必要性と意味及び二次方程式の解，二次方程式を解くことの意味を理解する。	知
2	因数分解を利用して二次方程式を解く方法を理解し，二次方程式を解く。	知
3・4	平方根の考えを利用して二次方程式を解く方法を理解し，二次方程式を解く。	知
5	二次方程式の解の公式の意味を理解し，解の公式を使って，二次方程式を解く。	知
6	【発展クラス】基礎，標準クラスに行うミニ授業の準備をする。 【基礎，標準クラス】二次方程式の計算の練習問題を解く。	思 知
7	【発展クラス】基礎，標準クラスにミニ授業を行い，二次方程式の解き方の理解を深める。 【基礎，標準クラス】発展クラスからミニ授業を受けて，二次方程式の解き方を理解する。	思 知
8・9	数や図形に関する問題の中の等しい関係に着目して数量関係を捉え，二次方程式を利用して問題を解決する。	思
10	日常生活や社会の事象における問題を，二次方程式を利用して解決したり，解決の過程を振り返って，レポートにまとめる。	思態

⑵本時（第7時）の目標と評価規準

【発展クラス】基礎，標準クラスに教えることで，二次方程式の解き方の理解を深めることができる。

【基礎，標準クラス】発展クラスから教えてもらうことで，二次方程式の解き方を理解することができる。

知識・技能	思考・判断・表現
因数分解，平方根の考え方，解の公式を利用して二次方程式を解く方法を理解し，二次方程式を解くことができる。式の形に合わせて，二次方程式を解く方法を判断することができる。	因数分解，平方根の考え方，解の公式を利用して二次方程式を解く方法を説明することができる。因数分解，平方根の考え，解の公式を利用した二次方程式の解き方の特徴を，式の特徴を捉えながら説明することができる。

(3)本時（第7時）の実践例

①まとめスライドについて

　ミニ授業を行う前に，発展クラスの生徒に因数分解，平方根，解の公式を利用した3種類の二次方程式の解き方についてまとめたスライドをそれぞれ作成させます。スライドの作成は「ロイロ」を使って，それぞれの授業の残り10分間で学習内容の振り返りとして行わせます。作成したスライドは提出箱に提出させ，他の生徒と共有できるようにします。作成途中の場合は，家庭学習の課題として扱います。

②ミニ授業について

　発展クラスの生徒は，基礎，標準クラスの自分の担当の生徒に二次方程式についてミニ授業を30分行います。基礎，標準クラスの生徒がまだ理解できていない二次方程式の解き方の内容を発展クラスの生徒に伝えます。このとき基礎，標準クラスの生徒がより具体的な内容を示せるように，教師が教えてほしいリストのプリントを用意します。この内容を基に発展クラスの生徒は事前に作成したスライド等を使って，基礎，標準クラスの生徒に対して説明します。その後，教師が用意した練習問題プリントを基礎，標準クラスの生徒が解きます。練習問題の内容は教えてほしいリストの項目別に用意し，発展クラスの生徒が自分の担当の教える生徒に合わせた問題を選びます。

　問題の解答は発展クラスの生徒のみが確認できるように，教師が事前に「ロイロ」の発展クラスの授業の資料箱に解答のデータを入れておきます。発展クラスの生徒は，ミニ授業の流れに合わせて，自分で丸付けを行ったり，教えている生徒に解答のデータを送り各自で丸付けをさせたりと工夫します。

　このように，生徒自身が教える立場で学習内容と学習方法を考え，教えている生徒の理解が進んでいく過程を知ることで，自分自身を振り返りながら客観的な思考の流れや学習方略に対する理解につながっていくと考えています。

▐「自己評価・相互評価」について

(1)自己評価について

　「ロイロ」のスライドを使って、発展クラスの生徒は行ったミニ授業について「上手くできたこと」、「上手くできなかったこと」、「改善策」を入力します。また、評価基準に沿ってA～Cの自己評価を行います。また、発展クラスの生徒は自己評価の内容を踏まえて、

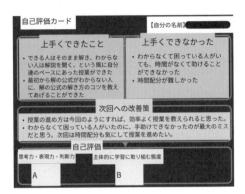

教えた生徒に対して学習アドバイスのスライドを作成します。このスライドは、発展クラスの生徒が教えた生徒に送り、教えた生徒がすぐにアドバイスを確認できるようにします。

　この自己評価を通して、行ったミニ授業を振り返ることで学習内容の理解だけでなく、学習内容を理解するための方法、つまり学び方について考えることができます。

(2)他者評価と振り返りについて

　基礎、標準クラスの生徒は受けたミニ授業について「ロイロ」のスライドを使って評価します。評価内容と評価基準は発展クラスの生徒が行った自己評価と比較しやすいように同じ内容にします。

　また、基礎、標準クラスの生徒にはミニ授業の振り返りとして、ミニ授業で学んだ内容を1枚のスライドにまとめさせます。

　生徒自身にスライドを使ってまとめさせることで、生徒は学んだことを振り返ることができ、思考を整理することができます。このように学習をインプットだけで終わるのではなく、学びを振り返りながらアウトプットさせる活動は大切です。

円周角の定理について
学習した内容を他クラスに教えにいこう

▌課題

> （中学3年の円周角の定理の内容を習熟度の発展クラスの生徒が）標準，基礎クラスの生徒にミニ授業を行おう。

この課題学習は全2時間を使って行います。

発展クラスの生徒は，事前に「円周角の定理」の内容を各自で学習します（前章の1「学習時間の確保」反転学習）。

1時間目に，発展クラスの生徒は個別学習で練習問題を解きながら，学習した内容で理解できなかったところを確認し，協働学習を通して理解します。その後，発展クラスの生徒は，次時に教える担当の生徒の理解度に合わせた説明スライドを「PowerPoint」で作成し，説明の練習をします。

標準，基礎クラスの生徒は，円周角の定理の練習問題を解き，円周角の定理の理解していない内容を明確にします。

2時間目は，発展クラスの生徒は，基礎，標準クラスの自分の担当の生徒に円周角の定理についてミニ授業を30分間行います。ミニ授業の内容は，発展クラスの生徒が基礎，標準クラスの生徒に理解していない内容についてスライドを使って説明し，問題を解かせ，丸付けや質問対応を行います。

その後，全生徒が確認テストを行い，生徒の理解度を教師が把握します。

最後に「Forms」を使って，発展クラスの生徒は教えた生徒にアドバイスを入力し，基礎，標準クラスの生徒は受けたミニ授業を評価し，全生徒が各自の振り返りを行います。

▌指導計画／本時の目標と評価規準／本時の実践例

(1)指導計画

時	学習内容	評価
1	円周角の意味，弧に対する円周角の意味及び円周角の定理の意味を理解し，円周角の定理を使って，中心角や円周角の大きさを求める。	知
2	中心角と弧の長さ及び円周角と弧の長さに関する性質の意味を理解し，弧の長さや円周角の大きさを求める。	知
3	円周角の定理の逆の意味を理解し，円周角の定理とその逆を使って，角度を求める。	知
4	【発展クラス】基礎，標準クラスに行うミニ授業の準備をする。 【基礎，標準クラス】円周角の定理，円周角の定理の逆の練習問題を解く。	思 知
5	【発展クラス】基礎，標準クラスにミニ授業を行い，円周角の定理の理解を深める。 【基礎，標準クラス】発展クラスからミニ授業を受けて，円周角の定理を理解する。	思 知
6	図形の性質を，円の性質を利用して証明する。	思
7	数学の事象における問題の解決に，円の性質が利用できることを理解し，円の外部の1点から円への接線を作図することができる。	思
8	日常場面や社会の事象における問題の解決に，円の性質が利用できることを理解し，レポートにまとめる。	思態

(2)本時（第5時）の目標と評価規準

【発展クラス】基礎，標準クラスに教えることで，円周角の定理の理解を深めることができる。

【基礎，標準クラス】発展クラスから教えてもらうことで，円周角の定理を理解することができる。

知識・技能	思考・判断・表現
円周角の定理を使って，中心角，円周角の大きさ，や弧の長さを求めることができる。また，円周角の定理の逆の意味を理解し，円周角の定理とその逆を使って，角度を求めることができる。	中心角と円周角及び弧と円周角の関係を基にして，それぞれの関係を見いだし，説明することができる。また，円周角の定理の逆が成り立つことを説明することができる。

(3)本時（第5時）の実践例

①ミニ授業のグループ分け

　発展クラスの生徒1人に対して基礎，標準クラスの生徒1～2人の組み合わせを教師がつくります。このとき，お互いが話しやすいような人間関係等に配慮し，グループ編成を行います。

②ミニ授業

　発展クラスの生徒は，基礎，標準クラスの自分の担当の生徒に円周角の定理についてミニ授業を30分行います。まず，発展クラスの生徒が基礎，標準クラスの生徒にまだ理解できていない円周角の定理の内容を確認します。そして，その内容を事前

に作成したスライド等を使って，発展クラスの生徒が基礎，標準クラスの生徒に説明します。その後，教師が用意した練習問題プリントを基礎，標準クラスの生徒が解きます。練習問題の内容は難易度別に用意し，発展クラスの生徒が自分の担当の教える生徒に合わせた問題を選びます。発展クラスの生徒に問題を選ばせることで，教える生徒の理解度を客観的に評価することができます。そして，発展クラスの生徒は丸付けや質問対応を行います。発展クラスの生徒が質問に対する説明をするときに使う道具とし，教師はホワイトボードやペンを用意します。発展クラスの生徒は必要に応じて，タブレット，練習問題プリント，ホワイトボードから説明に使う道具を選びます。生徒自身でそれぞれの道具のよさを考え，教える相手により伝わりやすい最適なものを選ぶ活動は，学習方略についてのメタ認知的知識を高めることができます。基礎，標準クラスの生徒はこのミニ授業で問題に対する見方，考え方や今まで曖昧であった知識の理解を深めます。生徒同士の距離感だからこそ，この活動で学習に対する意欲を引き出すことができます。

▍「自己評価・相互評価」について

⑴相互評価について

　「PowerPoint」のスライドに基礎，標準クラスの生徒は発展クラスの生徒が行ったミニ授業について「よかった点」，「要望」を入力します。発展クラスの生徒は，教えた生徒に対して，学習アドバイスを入力

します。今回の授業では，発展クラスと基礎，標準クラスで目標を変えているため，お互いに評価する内容も変えています。この相互評価を基に，各自の振り返りを行います。また，この「PowerPoint」のスライドは共同編集にします。共同編集にすることでお互いに評価している途中を共有することができ，さらに他グループの相互評価を見ることができるため，他グループとの比較ができ，評価の仕方について学び合うことができます。

⑵振り返りについて

　生徒はミニ授業の活動をして学んだことを「Excel」に入力します。発展クラスの生徒には，相互評価を基にミニ授業を振り返らせ，教えることで得たものを考えさせます。また，基礎，標準クラスの生徒には相互評価のアドバイスを基に，ミニ授業でわかったことや今後の学習の仕方について振り返らせます。

⑶記録としての評価

　確認テストは5分間で教科書の例題レベルの内容とします。そのテストは教師が採点を行い，確認テストの結果を「知識・技能」の評価材料として扱いました。

円に内接する四角形の性質について証明しよう

▌課題

> 　円に内接する四角形の対角の和がそれぞれ180度になることを多様な考え方で証明し，証明した問題解決の過程を相互評価によって振り返ろう。

　本単元では，円周角と中心角の関係について「１つの弧に対する円周角は等しい」，「円周角は中心角の半分になる」という円周角の定理について学習します。また，「等しい弧に対する円周角は等しい」や「円周角の定理の逆」について証明をし，学びを深めていきます。そして，これらの性質を用いて，図形の性質を証明したり，相似な図形と関連付けたりして学習します。さらに，円周角と中心角の関係を利用して，円外の１点から円に接線を引く作図の方法について学習します。

　これらの学習の上に立って，課題学習は，高校で学習する円に内接する四角形の性質になります。高校で学習する内容であっても，中学校の学習の範囲内で証明することができる内容になっています。また，多様な考え方で証明することができ，円の見方や考え方が深まる学習になります。そして，この考えを知識として学習しておくことで，円の性質を用いた様々な入試問題にも対応できます。

　さらに発展的に考えたい場合は，高校で学習する接弦定理についても学習するとよいかもしれません。接弦定理についても，多様な考え方で証明することができるので，深い学びにつながります。

▌指導計画／本時の目標と評価規準／本時の実践例

(1)指導計画

時	学習内容	評価
1	円周角と中心角の関係を見いだし，三角形の性質などを基にして証明する。	思
2	円周角と中心角の関係について，理解する。	知
3	等しい弧と円周角の関係を見いだし理解する。	知
4	円周角の定理の逆が成り立つことを見いだす。	知・態
5	図形の性質を証明するために，円周角の定理などを活用する。	態
6	円周角と中心角の関係を利用して，円外の1点から円に接線を引く作図の方法を考察し，表現することができる。	思
7	円に内接する四角形について調べ，考察し表現することができる。	思・態
8	入試問題の過去問に取り組む。	思
9	単元テストを行う。	知・思

(2)本時（第7時）の目標と評価規準

　円周角と中心角の関係や図形の性質を基にして内接する四角形の性質について，証明することができる。また，証明した問題解決の過程を相互評価によって，振り返って改善しようとする態度を身に付けることができる。

思考・判断・表現	主体的に学習に取り組む態度
円周角と中心角の関係や図形の性質を基にして内接する四角形の性質について証明することができる。	円周角と中心角の関係を活用した問題解決の過程を振り返って評価・改善しようとしている。

(3)本時（第7時）の実践例

> 　円に内接する四角形の角度について実測し，気付くことを
> あげなさい。

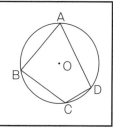

　本時の学習課題では，円に内接する四角形の角度について実測し，対角の和がそれぞれ180度になることに気付かせます。今回の図形に限ってこのようなことが言えるのかどうかを調べるために，自分たちで円とそれに内接する四角形を書き，改めて実測させます。そうすると，どんな内接する四角形においてもそれぞれの内角の和は180°になることがわかります。つまり，今回の学習課題から「∠A＋∠C＝180°，∠B＋∠D＝180°になることを証明」していきます。

　このことを証明するために，今まで習った既習事項を想起させます。すると，主に，「１つの弧に対する円周角は等しい」，「円周角は中心角の半分になる」，「円の中心を各頂点と結ぶ二等辺三角形の２つの底角が等しい」などの考えが出てきます。そして，これらの考えで証明するために，様々な角度を文字に置き，証明していきます。

　例えば，「１つの弧に対する円周角は等しい」の考えを用いると，∠BAC＝∠BDC＝a，∠CBD＝∠CAD＝b，∠ABD＝∠ACD＝c，∠ACB＝∠ADB＝dとなります。つまり，$2a＋2b＋2c＋2d＝360°$より，$a＋b＋c＋d＝180°$となり，∠A＋∠C＝180°，∠B＋∠D＝180°になることが証明されます。

　次に，「円周角は中心角の半分になる」の考えを用いると，∠BAD＝xと置くと小さい方の弧 BD に対する中心角は∠BOD＝$2x$となり，∠BCD＝yと置くと大きい方の弧 BD に対する中心角は∠BOD＝$2y$となります。つまり，$2x＋2y＝360°$より，$x＋y＝180°$となり，∠A＋∠C＝180°に

なることが証明され，∠B＋∠D＝180°になることも同様に証明することができます。

　最後に，「円の中心を各頂点と結ぶ二等辺三角形の２つの底角が等しい」の考えを用いると，∠OAB＝∠OBA＝a，∠OBC＝∠OCB＝b，∠OCD＝∠ODC＝c，∠ODA＝∠OAD＝dとなります。つまり，$2a+2b+2c+2d=360°$より，$a+b+c+d=180°$となり，∠A＋∠C＝180°，∠B＋∠D＝180°になることが証明されます。

　このように，多様な証明をみんなで確認し，図形における見方・考え方を広げることにつなげていきます。

▌「自己評価・相互評価」について

⑴相互評価の方法

　生徒は，自分で考えた証明を写真に撮り「Google チャット」に投稿します。その際，「１つの弧に対する円周角は等しい」，「円周角は中心角の半分になる」，「円の中心を各頂点と結ぶ二等辺三角形の２つの底角が等しい」などといった主に使った考えをタイトルにして投稿します。投稿が終わったら，自分の考えと異なる証明を中心に自分の証明の問題解決の過程を振り返っていきます。そして，「Google フォーム」でアンケートを取り，どの考えがわかりやすかったかとその理由について記述していきます。

⑵相互評価後

　「Google フォーム」でのアンケート結果を共有し，それぞれの考え方に対する理由から，その証明の「よさ」について振り返ります。例えば，「円の中心を各頂点と結ぶ二等辺三角形の２つの底角が等しい」の考えを用いた証明では，円周角の定理を活用しなくても，証明できるという「よさ」があります。一方で，「円周角は中心角の半分になる」の考えを用いた証明では，文字を２つ置くだけで証明することができるという「よさ」があります。

身の回りの建物や山から見える範囲の
オリジナル問題を作成しよう

▌課題

> 三平方の定理を利用して，身の回りの建物や山から見える範囲のオリジナル問題を作成し，他の数学クラスの先生に提案しよう。

この課題学習は全3時間を使って行います。

1時間目は三平方の定理を利用して，富士山の頂上から見える範囲の調べ方を学びます。次に，東京スカイツリーの頂上から見える範囲にある世界遺産を各自で調べて，問題解決する過程をスライドにまとめます。

2時間目はグループごとに身の回りの建物や山から見える範囲のオリジナル問題を作成し，その解説を「ロイロ」のスライドで作成させます。解説については1時間目と同様に，問題解決する過程がわかるようにスライドにまとめます。また，他の数学クラスの先生に提案することが目的のため，生徒に授業の流れについても考えさせます。その授業の流れをまとめたスライドと作成した問題と解説のスライドを合わせたものを授業デザインとし，そのスライドを提出箱に提出します。

3時間目は他の数学クラスの先生と他のグループに，自分たちが考えた授業デザインをスライドに沿って発表します。他のグループの授業デザインについて「Forms」で相互評価し，他の数学クラスで行う授業デザインを選びます。そして，課題学習の振り返りを「ロイロ」のスライドを使って行います。

▍指導計画／本時の目標と評価規準／本時の実践例

(1)指導計画

時	学習内容	評価
1・2	三平方の定理の意味と三平方の定理の逆の意味を理解し，三平方の定理を使って，直角三角形の辺の長さなどを求めることができる。	知
3・4	三角定規の三角形の辺の比を理解し，正方形の対角線の長さ，接線の長さなどを，三平方の定理を使って求めることができる。	知
5	座標平面における2点間の距離を，三平方の定理を使って求めることができる。	知
6・7	直方体の対角線の長さ，立体の体積や表面積などを，三平方の定理を使って求めることができる。	知
8	三平方の定理を使って線分の長さを求めることができる。	知
9	日常生活における問題を，三平方の定理を利用して解決する。	知思
10	三平方の定理を利用した日常生活における問題と解説を作成する。	思
11	作成した問題を含んだ授業案を提案し，相互評価をする。	思態
12	章末の問題を解き，単元の振り返りを行う。	知思

(2)本時（第11時）の目標と評価規準

　作成したオリジナル問題と解説を含んだ授業案を，他の数学クラスの先生と他グループに発表し，その授業案について相互評価することができる。

思考・判断・表現	主体的に学習に取り組む態度
日常生活における問題を，三平方の定理を利用して解決し，解決の過程を振り返って，新たな問題を作成することができ，その内容をスライドにまとめ，発表することができる。	日常生活における問題の解決に三平方の定理を利用することに関心をもち，作成した三平方の定理を利用した問題について発表し，他グループの発表を客観的に相互評価しようとしている。また問題解決の過程を振り返って，評価・改善しようとしている。

⑶本時（第9〜11時）の実践例

①第9時　問題解決学習について

　富士山の頂上から見える範囲の調べ方について学んだ後，生徒に「東京スカイツリーの頂上から見える範囲にある世界遺産は何か」を課題として出します。まず，生徒はこの課題を解決する上での見通しを立て，どのような情報が必要なのか考えます。次に生徒はタブレットを使い情報収集し，その得た情報を「ロイロ」のシンキングツールなどを使って整理，分析します。そして，答えとなる根拠を示します。この問題解決する流れ（見通し→情報収集→整理，分析→まとめ）の過程を生徒に意識付けるため，その過程がわかるように一つ一つスライドにまとめさせます。

　教師は今回の問題解決の過程で使うツールの指定はせず，生徒自身が解決に必要なものを必要なタイミングで生徒に選択させました。生徒自身が，学習が最適となるよう調整する「学習の個性化」（※1）の場面設定をしています。このような学習を繰り返していくと，自分に合った学び方がわかるようになります。さらに，その問題解決の過程をまとめたスライドを生徒に提出させ，教師が全体で共有することで，自分の学び方と他の人の学び方を比較し，新たな気付きを得ることができます。

②第10時　授業デザインの評価項目

　今回のテーマは他の数学クラスの先生に自分たちが考えた授業デザインを提案することです。教師は自分たちがつくった授業デザインが他クラスで行われる可能性があることを生徒に意識させ，課題に対する関心と意欲を高めます。そして，授業の内容である問題作成を始める前に，生徒全体に自分たちが授業を受ける立場だったら，「どんな授業を受けたいか」意見を出させます。その意見を基に，第11時の各グループの授業デザインの発表後に行われる相互評価の評価項目を生徒合意のもと決めます。生徒と一緒に評価内容を決めることで，学習目標の理解を深めるととともに，より客観的に適正な相互評価を行うことができます。

③第11時　授業デザインの提案

　作成した授業デザインを他の数学クラスの先生と他グループに発表します。発表の内容は「授業の流れ」,「問題内容」,「解説内容」です。解説については問題解決の過程がわかるように説明します。さらに「問題内容の意図」や「作成した授業を通して得られる力」についても生徒に説明をさせます。説明後,他の数学クラスの先生からの質問に対応します。

　授業デザインを作成することで,学習した内容を振り返ることができます。また,その内容を生徒が教師の立場になることで,なぜこのような学習をするのかを考えることができます。このような学習を行いながら,数学を学ぶ意義を生徒に考えさせ,教師の想いを伝えていくことが大切であると思います。

▌「自己評価・相互評価」について

　他グループの授業デザインの発表を聞いて,「Forms」で相互評価を行います。評価内容は「学習目標に適した内容か」,「問題内容の難易度は適切か」,「解きたいと思う問題内容か」の3つを5段階で評価します。また,生徒に数値だけでなく,なぜその得点にしたのかを入力させます。このように,教師は生徒に根拠を基に評価付けができるような工夫をすることが大切です。

　また,「Forms」はその場ですぐに集計ができるため,その合計点を踏まえ,他クラスの数学の先生が,授業内にそのクラスで行う授業デザインを発表することができます。

〈参考文献〉
※1　文部科学省「2. 育成を目指す資質・能力と個別最適な学び・協働的な学び」
　　　https://www.mext.go.jp/a_menu/shotou/new-cs/senseiouen/mext_01491.html

三平方の定理の様々な証明の方法について
レポートにまとめ,説明しよう

▌課題

> 　三平方の定理について，インターネット等から様々な証明方法を見つけ，自分なりにレポートにまとめ友達に説明しよう。

　本単元における三平方の定理は，直角三角形の３辺の長さの関係を表しており，測量の分野でも用いられるなど活用される範囲が極めて広く，数学において重要な定理です。三平方の定理にまつわる歴史的な背景や逸話などを紹介しつつ，生徒の興味・関心を引き出し，証明を考えさせていきます。

　三平方の定理は，様々な証明方法があり，図形による方法や代数的な方法などがあります。それらの中には，中学１年生でも証明できる方法や高校で学習する内容を含んだ証明方法もあります。様々なレベルの証明方法があることから，生徒の理解を助けるために，コンピュータ，情報通信ネットワークなどを活用して三平方の定理の証明のアイデアや仕組みを視覚的に提示する動画などの資料を自由に活用させることも大切です。三平方の定理の学習は，図形と数式を統合的に把握することができ，数学的な見方や考え方を広げることにつながります。

　１時間目は，方眼を用いて，直角三角形の各辺を１辺とする正方形の面積の関係を調べていきます。紀元前500年頃（古代ギリシャ）のピタゴラスの逸話などを伝えます。２・３時間目は，三平方の定理について確認し，様々な証明方法をインターネット等で見つけ，レポートにまとめていきます。そして，どのような考えを用いたのか相互評価していきます。

4時間目以降は，三平方の定理を用いて，直角三角形の辺の長さを求めたり，三平方の定理の逆が成り立つことを見いだしたりします。また，平面図形や空間図形の線分の長さなどを求めるために，三平方の定理を活用します。

▌指導計画／本時の目標と評価規準／本時の実践例

(1)指導計画

時	学習内容	評価
1	方眼を用いて，直角三角形の各辺を1辺とする正方形の面積の関係を調べる。	知
2・3	三平方の定理を見いだし，それが成り立つことを証明する。	思態
4	三平方の定理を用いて，直角三角形の辺の長さを求める。	知
5	三平方の定理の逆が成り立つことを見いだし，それを用いて，ある三角形が直角三角形であるかどうかを判定する。	知
6・7	平面図形の線分の長さを求めるために，三平方の定理を活用する。	思
8・9	空間図形の線分の長さなどを求めるために，三平方の定理を活用する。	思態
10	具体的な問題を解決するために，対象を直角三角形とみなして，三平方の定理を活用する。	思態
11	単元テストを行う。	知態

(2)本時（第2・3時）の目標と評価規準

　三平方の定理を見いだし，どのような考えを使って証明すればよいか，わかりやすくレポートにまとめ，説明することができる。

思考・判断・表現	主体的に学習に取り組む態度
三平方の定理を見いだし，様々な証明方法でレポートにまとめ，どのような考えを用いた証明なのかについてわかりやすく説明することができる。	様々な方法で証明される三平方の定理ついて考えようとしている。

⑶本時（第2・3時）の実践例

> 直角三角形の直角をはさむ2辺の長さを a, b, 斜辺の長さを c とすると，「a^2
> $+ b^2 = c^2$」の関係が成り立つ。
>
> このことを，「三平方の定理」と言うが，なぜこのような関係が成り立つか調
> べ，様々な方法で証明し，レポートにまとめなさい。

　本時の学習課題では，生徒はインターネット等から三平方の定理の証明について調べ，自分が納得した証明方法を自分なりにレポートでまとめていきます。主な証明方法については，ピタゴラス（紀元前500年頃），ユークリッド（紀元前300年頃），レオナルド・ダ・ヴィンチ（1452〜1519年），ガーフィールド（1831〜1881年），アインシュタイン（1879〜1955年）などの人物が証明したとされています。

　様々な証明方法がある中で，どのような考えを使って証明しているのかを理解することが大切です。合同な図形の性質や相似な図形，図形の移動，等積変形，直角三角形における内接円，乗法公式などそれぞれの証明方法には様々な考え方があり，図形や数式を統合的に考えることができる力が身に付きます。

【ピタゴラスによる証明方法】
$(a + b)^2 = a \times b \div 2 \times 4 + c^2$
$a^2 + 2ab + b^2 = 2ab + c^2$
$a^2 + b^2 = c^2$
となる。
〈証明に使った考え〉
・合同な直角三角形
・直角三角形と正方形の面積
・乗法公式

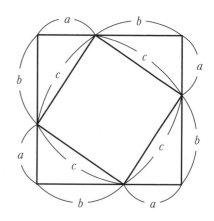

▎「自己評価・相互評価」について

(1)自己評価の方法

　証明方法をインターネット等で調べた後に，レポートとして「Google ス ライド」にまとめます。ただ，証明方法を書くのではなく，「証明を見いだ した人物」，「証明方法」，「証明に使った主な考え」などをまとめていきます。 さらに，「その人物はどのようにして証明を見いだしたのか」や「他の人物 が証明した方法との関連」などもまとめると三平方の定理の深い学びにつな がります。

　また，そのレポートを「Google チャット」に投稿して，証明方法を共有 します。「証明に使った主な考え」の部分を見ていき，証明するために必要 な考えとして，考え付かなかったレポートを見ていくだけでも，新たな視点 をもつことにつながります。

　そして，全体で共有した証 明方法について，「Google フォーム」を用いて，4段階 （よくわかった・わかった・ あまりわからなかった・わか らなかった）で自己評価しま す。

(2)自己評価後

　「Google フォーム」の結果を学級に提示して，どの証明方法が学級とし てわかりやすかったのか，わかりにくかったのかを確認します。また， 「Google チャット」で再度，証明方法について振り返り，わからない証明 方法については，チャットに投稿している生徒に教えてもらうように促しま す。そうすることで，様々な証明方法によって，見方・考え方が広がります。

関数 $y = ax^2$ のグラフのかき方,特徴についての解説動画をつくろう

▌課題

中学3年の関数 $y = ax^2$ のグラフのかき方，特徴についての解説動画をグループごとに作成する。

この課題学習は全4時間を使って行います。事前に関数 $y = ax^2$ のグラフのかき方，特徴についての内容を各自で学習します（前章の1「学習時間の確保」反転学習）。

1時間目は，グループごとに各自学習した内容で理解できなかった点を共有し，グループで解決します。その後，関数 $y = ax^2$ のグラフの解説動画の内容を分担し，それぞれが動画の台本を含む構成表の作成と解説するポイントをまとめます。

2時間目は，グループごとで動画の撮影を行います。撮影した動画はグループごとで確認，修正を繰り返します。

3時間目は，他グループが作成した動画を視聴し，教師が作成した評価基準に沿って相互評価を行います。相互評価の項目は，「よかったところ」，「改善が必要なところ」，「改善策」です。

4時間目は，相互評価の内容を基にスライドと動画の再撮影を行い，各自の振り返りを行います。

完成した動画と各自の振り返りを提出させ，記録としての評価に生かします。

▌指導計画／本時の目標と評価規準／本時の実践例

(1)指導計画

時	学習内容	評価
1	関数 $y = ax^2$ の意味や二乗に比例することの意味を理解し，$y = ax^2$ で表される関数関係を表に表す。	知
2	関数 $y = ax^2$ のグラフをかき，その特徴を理解する。	知
3	関数 $y = ax^2$ のグラフのかき方，特徴を動画にまとめる。	思
4	関数 $y = ax^2$ のグラフの解説動画を評価し合う。	思
5	関数 $y = ax^2$ のグラフの解説動画を再編集し，まとめる。	思態
6	関数 $y = ax^2$ の値の変化，変域について理解する。	知
7	関数 $y = ax^2$ の変化の割合について理解する。	知
8・9	日常生活や社会の事象における問題を，関数 $y = ax^2$ を利用して解決したり，解決の過程を振り返る。	思
10	図形の問題を，関数 $y = ax^2$ を利用して解決する。	知
11	関数 $y = ax^2$ と一次関数のグラフの問題を理解する。	知
12	いろいろな関数があることを理解し，いろいろな関数の表をつくり，グラフをかく。	知
13	関数 $y = ax^2$ をレポートにまとめ，振り返る。	思態

(2)本時（第5時）の目標と評価規準

　作成した関数 $y = ax^2$ のグラフの解説動画について相互評価を基に，動画を再編集し，振り返りをすることができる。

知識・技能	思考・判断・表現	主体的に学習に取り組む態度
関数 $y = ax^2$ のグラフのかき方，特徴について理解し，関数 $y = ax^2$ の関係を表，式，グラフなどに表すことができる。	関数 $y = ax^2$ についての変化や対応の特徴を見いだし，表，式，グラフを相互に関連付けて考え，グラフのかき方，特徴を動画にまとめることができる。	関数 $y = ax^2$ のグラフについて粘り強く考え，学んだことを学習に生かそうとしたり，学びの過程を振り返って評価・改善しようとしている。

(3)本時（第5時）の実践例

①本時の目標の共有

　前時までに生徒が「ロイロ」で作成した解説の流れをグループごとに比較する。

　「はじめて関数 $y = ax^2$ のグラフを学ぶ人にとって，どのような解説の流れであるとわかりやすいのか。また，正しい数学の用語を使いながら，どのような説明がわかりやすいのか。今

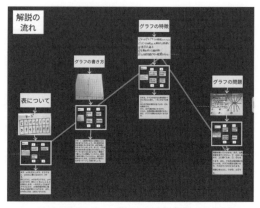

まで，習った関数のグラフとどのように違うのか」に視点を置かせ，教師が動画内容の評価基準を示しながら，生徒が本時の目標を達成できるように説明します。

②動画の再編集

　「ロイロ」を使って，前時に生徒が行った相互評価を基に，動画の再編集を行う時間を設定しました。ここで，相互評価の内容で改善点に注目させます。生徒自身が作成した動画を確認させながら，具体的にどこを，どのように修正すればよいかが振り返られるように，教師が他のグループの動画の

よい点を参考にするように声かけをします。また，自分の担当の動画だけでなく，グループ全体の動画として前後のつながりを生徒が意識できるように，評価基準を個人とグループの2つ示すという工夫をします。

③学習の振り返り（自己評価）

　生徒に今回の課題学習の振り返りを「Forms」を使って行わせます。

　まず，自分が作成した動画とグループ全体としての動画の自己評価を行います。そして，動画作成を通して，何がわかるようになったか，何が変わったのかを振り返ります。その振り返りの中で，動画撮影をすることで学習内容の深い理解につながることを教師が価値付けし，アウトプットすることの重要性を全体で共有します。

▌「自己評価・相互評価」について

(1)相互評価の生徒記述

　「ロイロ」で相互評価を行うと，いつでもグループごとの相互評価を確認することができ，教師がグループごとに仕分けをしたりする負担がなく，他グループの評価も確認することができます。また，相互評価をつくることで，自分が考えている視点と他の人が考える視点を比較す

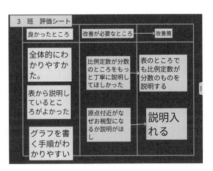

ることができます。さらに自分が理解していることと理解できないことを把握することができ，客観的に考えることができます。このようなメタ認知を含む知識を深めながら，創造力を育むことが大切だと感じています。

(2)記録としての評価

　記録としての評価は，解説動画の内容を「思考・判断・表現」，そして「Forms」の振り返りの内容を「主体的に学習に取り組む態度」の評価材料として扱います。また，解説動画は個人の評価とグループ全体の評価を両方とも記録に残します。

関数 $y = ax^2$ の単元について
自分のペースと方法で学習しよう

▌課題

> 　中学3年の関数 $y = ax^2$ の学習内容を各自で計画を立てて，各自のペースと学習方法で個別に学習しよう。

　この課題学習は関数 $y = ax^2$ の単元を自由進度学習で全13時間を使って行います。

　単元内自由進度学習とは，教師から示された学習範囲を決められた時間数で，生徒自身が学習計画を立てて，自分のペースや学習方法に応じて学習を進めるものです。

　教師は学習の手順として「内容理解」，「理解を深める」，「内容をまとめる」，「学びを振り返る」の4つの流れを生徒に確認します。

　生徒は，教師が用意した「関数 $y = ax^2$ とは」，「関数 $y = ax^2$ のグラフ①」，「関数 $y = ax^2$ のグラフ②」，「関数 $y = ax^2$ の値の変化と変域」，「関数 $y = ax^2$ の変化の割合」，「身の回りの関数 $y = ax^2$」，「図形の中に現れる関数」，「いろいろな関数」，「関数 $y = ax^2$ と一次関数」の9枚の学習プリントに沿って学習を進めます。そして，自分に合った練習問題を解き，理解を深め，学習した内容を「PowerPoint」や「動画」にまとめます。自分のペースで自分に合った学習方法を考えながら学習をします。

　教師は生徒の学習進度と理解度を把握するために，机間指導を通して生徒が作成した学習プリントを細かく確認し，生徒一人一人にフィードバックを行います。

▌指導計画／本時の目標と評価規準／本時の実践例

(1)指導計画

時	学習内容		評価
1〜13	関数 $y = ax^2$ の意味や二乗に比例することの意味を理解し，$y = ax^2$ で表される関数関係を表に表す。	自由進度学習	知 思 態
	関数 $y = ax^2$ のグラフをかき，その特徴を理解する。		
	関数 $y = ax^2$ の値の変化，変域について理解する。		
	関数 $y = ax^2$ の変化の割合について理解する。		
	日常生活や社会の事象における問題を，関数 $y = ax^2$ を利用して解決する。		
	図形の問題を，関数 $y = ax^2$ を利用して解決する。		
	いろいろな関数があることを理解し，いろいろな関数の表をつくり，グラフをかく。		
	関数 $y = ax^2$ と一次関数のグラフの問題を理解する。		
	関数 $y = ax^2$ の内容をまとめ，まとめたものをお互いに評価する。		

(2)本時（第1〜13時）の目標と評価規準

　関数 $y = ax^2$ の内容を理解し，スライド等にまとめることができる。また，自分に合った学習方法を考え，計画的に学習を進めることができる。

知識・技能	思考・判断・表現	主体的に学習に取り組む態度
関数 $y = ax^2$ の関係を表，式，グラフなどに表すことができる。また，いろいろな事象の中に，関数関係があることを理解している。	関数 $y = ax^2$ として捉えて，変化や対応の特徴を見いだし，表，式，グラフを相互に関連付けて考え，表現することができる。また，関数 $y = ax^2$ について学習した内容をスライド等にまとめることができる。	関数 $y = ax^2$ についての学習内容を自分で計画を立てながら，自分に合った学習方法を考え，振り返りながら，進んで学習しようとしている。

(3)本時（第1～13時）の実践例

①学習計画について

　生徒に，13回分の学習計画を立てさせます。この13時間の中で，教師がまとめた理解すべきリストを基に，各時間に何を学習するかを生徒が計画を立てます。理解すべきリストには発展的な内容も含まれており，各生徒がどこまで理解するかを計画の中で考えることが重要です。また，生徒には理解するために必要な道具についても考えさせ，自分に適した学習方法を選択するよう指導します。このように，計画の中で自分に適したレベルに合った内容を，どのように学習するかを計画することが大切だと考えています。

②復習について

　「Kahoot！」を使って，毎回の授業の始まりにクイズ形式で復習を行います。前回の授業終了時に，生徒に本日の学習ポイントを「Kahoot！」の４つの選択肢から選ぶ問題を作成させます。そして，生徒が作成した問題から教師が10問程度選び，「Kahoot！」でクイズを行います。生徒自身が問題を作成することで，自分が大切な内容を振り返ったり，まだ理解不十分な内容を把握したりすることができます。また，復習を通じて，生徒同士で大切だと思うところや難しいと感じる箇所を共有することができ，自由進度学習のときの教え合いにつなげることができます。

③「内容理解」について

　教師が学習プリントや「PowerPoint」のデータを用意し，教科書に基づいた内容を作成することで，生徒が「デジタル教科書」でも学習できるようにします。また，記入した学習プリントを写真に撮ってクラウドに提出し，他の生徒も閲覧できるようにすることで，お互いの学習プリントを見合いながら学ぶことができるようになります。

④「内容を深める」,「内容をまとめる」について

　内容を深める活動では,教師が用意した難易度別のプリントデータや,「ミライシード」のドリルパークを活用します。また,生徒が自分の理解度に合わせて取り組むことができるワークやプリントを活用することも重要です。これらの中から適したものを選び,生徒が自ら学習を深められるよう促します。

　内容をまとめる活動では,関数 $y = ax^2$ の内容の9つの中から3つを選び,選んだ内容を各自で要点を考えながらスライドにまとめます。スライドには動画やアニメーションを取り入れたりし,よりわかりやすいまとめスライドを作成するよう指導します。このまとめスライドを作成することで,生徒たちは自分が学んだことを整理することができ,スライド作成の過程で,より理解を深めることができます。

■「自己評価・相互評価」について

　生徒たちが作成した「PowerPoint」のスライドはクラス全員分の URL リンクを作成し,共有します。これにより,生徒たちは自分以外の他の生徒のスライドも確認できます。生徒は1時間を使って,他の生徒のスライドを確認し,「Forms」というツールで一人一人相互評価を行います。この「Forms」は,簡単にアンケートを作成でき,回答を収集できます。評価内容は「内容が適切か」,「わかりやすくまとめているか」の2点です。それぞれの評価基準に沿って3段階評価を付け,アドバイス(感想)のコメントを入力します。

　他の生徒が作成したスライドを見ることで,異なる視点からのまとめ方や,新しい発見をすることもできます。このような相互評価の取組は,生徒たちが自分自身の学習成果を他の生徒と共有し,他者の意見を聞きながら,自己評価や自己改善の機会を得ることができます。

変域と変化の割合について
学習した内容を説明し合おう

▌課題

> 中学3年の関数 $y = ax^2$ の「変域」と「変化の割合」を2グループに分けて，グループごとで学習し，その学習した内容を互いに説明し合おう。

この課題学習は全3時間を使って行います。事前に「変域」と「変化の割合」の2グループに生徒を分け，自分の担当内容を各自で学習します（前章の1「学習時間の確保」反転学習）。

1時間目は，同じ担当同士でグループをつくり，各自学習した内容で理解できなかった点を共有し，グループで解決します。その後，担当の学習内容を「ロイロ」でスライドにまとめ，説明の練習をします。

2時間目は，異なる担当同士でペアをつくり，お互いに説明し合います。

担当時間は20分間ずつ設け，各自作成したスライドを使って説明と説明した相手に練習問題を解かせながら，質問の対応をします。このとき「ロイロ」の音声機能を使って説明している内容をスライドに録音します。その後，お互いに説明を受けた相手に相互評価，自己評価を行います。

3時間目は，自己評価と相互評価の内容を基にスライドと音声の再編集を行い，各自の振り返りを行います。

完成した音声入りスライドと各自の振り返りを提出させ，記録としての評価に生かします。

▌指導計画／本時の目標と評価規準／本時の実践例

⑴指導計画

時	学習内容	評価
1	関数 $y = ax^2$ の意味や二乗に比例することの意味を理解し，$y = ax^2$ で表される関数関係を表に表す。	知
2・3	関数 $y = ax^2$ のグラフをかき，その特徴を調べる。	知
4	関数 $y = ax^2$ のグラフの特徴をレポートにまとめる。	思
5	変域と変化の割合を理解する。	知
6	変域と変化の割合を説明し合い，評価し合う。	思
7	変域と変化の割合の説明を振り返り，まとめる。	思態
8・9	日常生活や社会の事象における問題を，関数 $y = ax^2$ を利用して解決したり，解決の過程を振り返る。	思
10	図形の問題を，関数 $y = ax^2$ を利用して解決する。	知
11	関数 $y = ax^2$ と一次関数のグラフの問題を理解する。	知
12	いろいろな関数があることを理解し，いろいろな関数の表をつくり，グラフをかく。	知
13	関数 $y = ax^2$ をレポートにまとめ，振り返る。	思態

⑵本時（第7時）の目標と評価規準

　説明した変域と変化の割合の自己評価と相互評価を基に，音声入りスライドを完成させ，振り返りをすることができる。

知識・技能	思考・判断・表現	主体的に学習に取り組む態度
関数 $y = ax^2$ の値の変化のようすや変域について理解している。また，関数 $y = ax^2$ の変化の割合について理解し，平均の速さを求めることができる。	関数 $y = ax^2$ の値の変化のようすを，変域ごとにスライドを使って，説明することができる。また，関数 $y = ax^2$ の変化の割合の意味をスライドを使って，説明することができる。	変域，変化の割合について粘り強く考え，学んだことを学習に生かそうとしたり，学びの過程を振り返って評価・改善しようとしたりしている。

⑶本時（第7時）の実践例

①前時の振り返りと本時の目標の確認

「PowerPoint」を使って前時の振り返りを行います。その中で，前時に教師が撮影していた活動の様子の動画を見せ，よかった生徒を紹介します。このときに，「どのようなスライドの内容がわかりやすいか」，「どのような説明が伝わりやすいか」に視点を置かせ，評価基準を示しながら，生徒が本時の目標を視覚的に理解できるように説明します。

②スライドと音声の再編集

「ロイロ」の授業支援アプリを用いて，前時の最後に生徒が行った自己評価・相互評価を基に，スライドと音声の再編集を行う時間を設定しました。ここで，自己評価と相互評価の内容で異なった箇所に注目させ，生徒自身が説明した音声を確認させながら，具体的にどこを，どのように修正すればよいかが振り返れるように，教師が個別に声かけを行います。さらに，生徒が音声を聞いたり，音声を録音しやすいように，教師は生徒の教室内の自由な移動を認めたり，相互評価し合った生徒同士で修正した内容を共有しやすい雰囲気づくりに努めます。また，再編集でよりわかりやすく説明するために，学習内容の理解に戻り，学習動画や教科書を見返す姿が見られました。そのような生徒に対して，教師は学習内容の理解を深めようとする態度を見取ります。

③小テスト・学習の振り返り

変域と変化の割合の小テストを紙で行います。ここでは，理解度の把握を目的とするため，教科書の基本的な内容で時間を設定し，教師が採点を行います。その後，生徒に今回の課題学習の振り返りを「Forms」を使って行います。自分たちで学習した内容を他のグループに説明し合う活動を通して，何ができるようになり，何が変わったのかを各自で振り返らせます。さらに，学習内容を深く理解するためには，どのような学び方が自分にとって大切か

を考えさせます。そのために，教師がこの課題学習の生徒の場面ごとの活動の様子を示し，生徒が具体的な活動場面を振り返ることができるように工夫しています。この振り返りを行うことで，自分に合った学習方法を把握することができ，自己調整能力の育成につながります。

「自己評価・相互評価」について

(1)自己評価と相互評価の生徒記述

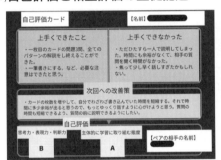
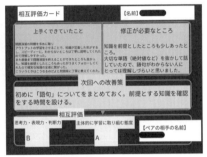

　自分の視点と説明を聞いた相手の視点の間に乖離があったのか，また，乖離があった場合どのようなところに違いがあったのかを把握することで，より客観的に振り返りを行うことができます。また，自己評価と相互評価の内容は比較がしやすいようにほとんど同じ内容にしています。項目は「上手くできたこと」，「上手くできなかったこと」，「改善策」，「評価」になっています。繰り返し評価基準を確認しながら評価することで，学習目標の理解が深められます。

(2)記録としての評価

　記録としての評価として，小テストの内容を「知識・技能」，音声入りスライドを「思考・判断・表現」，そして「Forms」の振り返りの内容を「主体的に学習に取り組む態度」の評価材料として扱いました。

重なってできる図形の面積の変化を 表やグラフで表す問題を作成しよう

▌課題

> 重なってできる図形の面積の変化を表やグラフで表し，その図形の条件を変えて新たな問題を作成し，お互いに解き合い評価しよう。

この課題学習は全3時間を使って行います。

1時間目では，直角三角形が移動し，正方形と重なっていくとき，面積の変化を表とグラフに表す課題（右の図）に取り組みます。生徒たちはグループで協力しながら，図形が重なる形

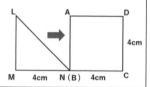

問題
　右の図のように，直角二等辺三角形 LMNと正方形ABCDが並んでいます。正方形を固定し，直角二等辺三角形を矢印の方向に，頂点MがCに重なるまで移動させます。
　線分BNの長さをxcm とするときに，重なってできる図形の面積をy cm^2として，対応する x,y の値の組を調べ，グラフに表しなさい。

を場合分けし，それぞれの変域で表とグラフを作成します。教師は，グラフの形に着目し，これまでに習った関数との関連性を理解できるよう生徒たちに声かけをします。

2時間目では，1時間目の課題の図形の形を変えて，重なってできる図形の面積の変化を表やグラフに表す問題をグループで作成します。また，その問題の解答と解説を作成し，他者に説明できるように練習します。

3時間目では，ジグソー学習のグループを組んで，前時で作成した問題をお互いに解き合います。解答と解説について相互評価し，自分たちが作成した問題のよかった点や改善点を振り返ります。

■ 指導計画／本時の目標と評価規準／本時の実践例

(1)指導計画

時	学習内容	評価
1	関数 $y = ax^2$ の意味や二乗に比例することの意味を理解し，$y = ax^2$ で表される関数関係を表に表す。	知
2〜4	関数 $y = ax^2$ のグラフをかき，その特徴を理解する。	知思
5	関数 $y = ax^2$ の値の変化，変域について理解する。	知
6	関数 $y = ax^2$ の変化の割合について理解する。	知
7	日常生活や社会の事象における問題を，関数 $y = ax^2$ を利用して解決する。	思態
8	図形の問題を，関数 $y = ax^2$ を利用して解決する。	知
9	関数 $y = ax^2$ と一次関数のグラフの問題を理解する。	知
10	いろいろな関数があることを理解し，いろいろな関数の表をつくり，グラフをかく。	知
11	重なってできる図形の面積の変化を表やグラフで表す。	思
12	重なってできる図形の面積の変化を表やグラフで表した問題を作成する。	思
13	作成した問題を解き合い，評価する。	思態
14	関数 $y = ax^2$ をレポートにまとめ，振り返る。	思態

(2)本時（第12・13時）の目標と評価規準

　重なってできる図形の面積の問題と解説を作成し，お互いに解き合い，解答，解説について相互評価をすることができる。

思考・判断・表現	主体的に学習に取り組む態度
作成した問題について，スライドを使って解説をすることができる。また，評価基準を基に，適切に相互評価を行うことができる。	他の人に作成した問題についての解説を意欲的に行おうとしている。また，自己評価と相互評価を通して，いろいろな関数を利用した問題解決の過程を振り返って検討しようとしている。

(3)本時（第12・13時）の実践例

①問題作成

　生徒たちは，前回の課題で取り組んだ問題の図形の形を変え，新たな問題をグループで作成します。教師は，条件を変えることにつまずいているグループに対して，例として図形を右のように変えた場合の面積の変化を調べるよう声かけします。この例題を参考に，各グループは独自の条件を設定し，問題を作成します。

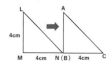

例題
　右の図のように，直角二等辺三角形LMNと合同な直角二等辺三角形ABCが並んでいます。
三角形ABCを固定し，三角形LMNを矢印の方向に頂点MがCに重なるまで移動させます。
　線分BNの長さを x cm とするときに，重なってできる図形の面積を y cm^2 として，対応する x, y の値の組を調べ，グラフに表しなさい。

4cm

M　4cm　N(B)　4cm　C

　このように図形の条件を変えて問題を設定することで，発展的に考察していく力を育成させることが大切です。

②解説作成

　生徒は，「PowerPoint」を使用して問題の解説を作成します。この解説スライドは，説明のために使う資料としてつくられます。教師は，生徒に文字の量や大きさ，見やすさを考慮するよう指導し，図や表，アニメーションなどを適切に取り入れるよう促します。この活動を通じて，プレゼンテーションスキルを向上させ，自分の意見や考えをわかりやすく伝えることができるようにすることが目的の1つです。

③グループで問題の解き合い

　ジグソー学習で3人で1つのグループをつくり，作成した問題を残りの2人の生徒が5分間で解きます。問題を解いている間，問題を作成した生徒は解答者たちがどこでつまずいているか確認します。解説は，問題を作成した生徒が作成したスライドを活用しながら，問題を解いた生徒たちがつまずいていた内容を中心に行います。

▍「自己評価・相互評価」について

⑴相互評価について

　「PowerPoint」を使って解説をした生徒と，その解説を聞いた生徒が相互に評価を行います。評価方法は，解説を行った生徒に対する評価を入力します。評価項目は，「解説のわかりやすさ」，「解答の正確性」の2つです。それぞれの評価基準を基に3段階で評価し，その評価を付けた根拠をコメントで入力します。

　「PowerPoint」をクラウド上で活用することで，同時編集ができます。共有することで，評価する際にもお互いに学び合い，より適正に評価することができます。

　相互評価を通じて，自分自身の解説や解答の問題点を客観的に見つけ出し，改善することができます。また，他の生徒からのフィードバックを受け取ることで，自己調整力を高め，学習効果を向上させることができます。さらに，他の生徒の学習に貢献することができ，具体的な改善点を見つけ出し，自己改善力を高めることができます。

⑵個人の振り返り

　相互評価の結果を踏まえて，各自で振り返りを行います。この中で，自己評価を行い，今後の学習にどのように生かすかを考えます。また，今回の学習で気になった点や，さらに学びたいことを考え，今後の学習に生かしていきます。

　今回の学習では，表やグラフだけでなく式にも意識を向け，高校数学へとつなげる指導を行うことが大切です。

〈参考文献〉
※1，2　大日本図書『数学の世界3（令和3年版）』教師用指導書，p.133

身の回りの事象について調査を行い，生徒の傾向を推測しよう

▌課題

中学3年のデータ活用で，知りたいテーマを校内の生徒から無作為に抽出し，そのアンケートの結果を基に，校内の生徒の傾向をレポートにまとめて発表しよう。

この課題学習は全3時間を使って行います。

1時間目は，グループで調べたい身近なテーマを決め，「Forms」でアンケートを作成します。テーマはアンケートを取るため校内の生徒に関わる内容とします。生徒は作成したアンケートに二次元コードを付け，次の授業までに抽出した生徒にアンケートの入力をお願いできるように準備します。

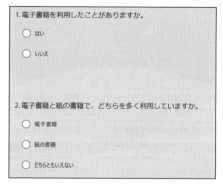

2時間目は，集まったアンケートの結果を基に，各自でグラフや表などの形式でデータをまとめ，考察をし，その内容を「PowerPoint」の1つのスライドにレポートとしてまとめます。

3時間目は，ジグソー学習のジグソーグループで，お互いにまとめたレポートを発表し合います。その後，お互いのレポートを検討し，発表者に「PowerPoint」のコメント機能を使って評価を行い，振り返りを行います。

▌指導計画／本時の目標と評価規準／本時の実践例

(1)指導計画

時	学習内容	評価
1	集団のもっている性質を調べるのに，標本調査と全数調査があることを知り，標本調査と全数調査の必要性と意味を理解し，どちらの方法がよいかを判断する。	知思
2	標本調査における無作為に抽出することの必要性と意味，方法を理解し，コンピュータを使って，標本を無作為に抽出する。	知
3	標本平均の意味を理解し，その値を求める，より正確に推定する方法を理解する。	知
4	母集団の数量を推定する方法を理解し，標本調査の結果から比例式をつくり，母集団の数量を推定する。	知
5	標本調査を利用して，身の回りの数量を推定し，調査の方法や結果を読み取って批判的に考え，説明する。	思
6	身の回りの事象の中で調べたいテーマを決め，アンケートを作成する。	知思
7	アンケート結果を基に，データの利用レポートを作成する。	思
8	作成したレポートを基に発表，相互評価を行い，学習を振り返る。	思態

(2)本時（第6〜8時）の目標と評価規準

　身の回りの事象について標本調査を利用し，レポートにまとめ，発表し，相互評価することができる。

知識・技能	思考・判断・表現	主体的に学習に取り組む態度
身の回りの事象における問題の解決に，標本調査を利用できることを理解し，コンピュータを利用するなどして無作為に標本を取り出し，整理することができる。	身の回りの事象における問題の解決に「問題－計画－データ－分析－結論」の過程に基づき，まとめたレポートの内容を発表することができる。	まとめたレポートの発表を基に，相互評価を行い，問題解決の過程を振り返って検討したり，批判的に考えたりしようとしている。

⑶本時（第6～8時）の実践例

①アンケート調査について

　4人グループで生徒は調べたい身近なテーマを話し合って決めます。教師は調べたいテーマについて適切に分析するためにどのようなアンケート調査にするべきか，丁寧に指導します。質問を考える上で，どのように回答をしてもらうかを考えることが重要なため，4つの質問パターン（①選択肢から選ぶ質問，②数値についての質問，③順位や順序についての質問，④文章で答える質問）を示します。ここで，回答が正確にできないものや回答を誘導しようとするものにならないように，具体例を示しながら生徒に作成させます。さらに，アンケート調査を実施する際に，標本をどのように抽出するかについても指導します。具体的には，現実的な範囲内で適切なデータを取得できるように，抽出方法や抽出する人数を検討するよう促します。また，無作為に抽出する方法として，乱数表や「Excel」のRANDBETWEEN関数など生徒自身に行いやすい方法を選ばせます。

②レポート作成

　集まったアンケートの結果を基に，各自でグラフや表などにまとめます。グラフや表は「Excel」や「SGRAPA」を使って作成させます。レポートの内容は，「調査内容」，「調査方法」，「分析・結果」，「考察」の4つです。その内容を，「PowerPoint」の1つのスラ

イドにレポートとして各自でまとめます。各自が作成したスライドを同じテーマのグループで共有し，お互いに分析と考察の内容を確認します。同じデータを見ても，見方によって考察が異なることを実感させることが重要です。

③発表について

　同じテーマで行ってきたエキスパートグループが，ジグソーグループに分かれてまとめたレポートを発表し合います。発表に使用する「PowerPoint」データは「Microsoft Teams」上のファイルに入れて，生徒同士が共有・編集できるようにします。各発表は１人あたり約３分で行い，発表後には互いの内容を評価し，学習の振り返りを行います。

■「自己評価・相互評価」について

(1)発表の相互評価

　「PowerPoint」のコメント機能を使って，共同編集で相互評価を行います。評価項目は，①調査方法が適切か，②分析，結果の内容は適切か，③考察の内容は適切か，の３つです。それぞれを３段階で評価し，よかった点と改善が必要な点，または質問を入力します。その内容を基に，各自でレポートの内容を再編集し，よりわかりやすいレポートを作成します。よりよい評価をするために，各評価項目の評価基準を共有することが大切です。また，改善が必要な点を指摘する際には，具体的な提案やアドバイスを行うことで，より効果的なフィードバックができます。

(2)学習の振り返り

　課題学習の振り返りは「Teams」を使って行いました。この課題学習を通して，統計的な問題解決について学んだことや，さらに調べたいことについてまとめました。統計的な問題解決とは，問題 → 計画 → データ → 分析 → 結論という５つの段階を経て解決することです（※１）。この問題解決の過程を学びながら，社会に出てからの答えのない問題に対して，統計データを上手に扱い解決できる力を身に付けることが大切だと感じています。

〈参考文献〉
※１　大日本図書「数学の世界１（令和３年版）」教師用指導書

知識構成型ジグソー法で
実力診断テストの振り返りをしよう

▌課題

中学３年生が受ける実力診断テストの内容を，単元ごとにグループに分けて学習し，各グループが互いに説明し合おう。

この課題学習は，全４時間で実施します。

事前に校内で実力診断テストを受け，その答案を返却した後に，実力診断テストの振り返り学習として，単元ごとに３つのグループに分かれて学習し，ジグソー学習を行います。グループ内で相互に学習した内容を説明し合い，互いの理解を深めることを目的としています。

１時間目は，同じ単元同士のグループ（エキスパートグループ）に分かれ，各自学習した内容で理解できなかった点を共有し，解決します。

２時間目は，各自が担当する単元の問題の解説スライドを作成し，問題を解く上でのポイントや類題などを考えスライドにまとめます。その後，同じグループの生徒でスライドを共有し，お互いにフィードバックをして，スライドの内容を改善します。

３時間目は，異なる担当のグループ（ジグソーグループ）に分かれます。各グループはお互いの担当内容について説明し合い，理解を深めます。各自が20分間担当し，作成したスライドを使って説明し，相手に類題を解かせな

がら，質問に答えます。この内容をミニ授業として行います。その後，お互いにフィードバックをし合い，自己評価と相互評価を行います。

　4時間目は，残りの1グループがミニ授業を行い，自己評価と相互評価の内容を基に，各自が振り返りを行います。

▌指導計画／本時の目標と評価規準／本時の実践例

⑴指導計画

時	学習内容	評価
1	実力診断テストの解き直しを行い，問題の解法を理解する。	知
2	担当の問題の解説スライドと類題を作成する。	思
3	ジグソーグループで担当の問題を説明し，相互評価する。	思態
4	ジグソーグループで担当の問題を説明し，相互評価する。学習の振り返りをする。	思態

⑵本時（第1〜4時）の目標と評価規準

　ジグソー法で実力診断テストの問題の解き方を理解し，お互いの説明について評価することができる。

知識・技能	思考・判断・表現	主体的に学習に取り組む態度
実力診断テストの担当の問題の解き方を理解し，解説スライドを作成することができる。	実力診断テストの担当の問題の解説スライドを使って，わかりやすく説明することができる。また，類題を作成し説明することができる。	実力診断テストの担当の問題の解説をしようとしている。また，相互評価，自己評価を通して振り返ろうとしている。

⑶本時（第１～４時）の実践例

①エキスパートグループについて

実力診断テストの振り返り学習として，単元ごとに３つのグループに分かれて学習します。それぞれのグループは，関数（一次関数，$y = ax^2$），平面図形（合同，相似），空間図形（三平方の定理）を担当します。エキスパートグループを決める際には，生徒の希望調査を行い，教師が集約し，グループを決定します。また，実力診断テストの得点率が低かった単元を担当することで，その単元の理解を深めることができることを生徒に促します。

②スライド作成について

スライドは「ロイロ」を使って作成し，ステップ解説（「一次方程式の解き方のステップ解説をつくろう」）を基にして，説明がしやすく，わかりやすい内容にまとめます。生徒は，担当の問題に関連する類題を作成します。類題については，問題の数値や設定を変えて問題を作成し，条件を変えたときに問題として適しているかどうかを検討します。

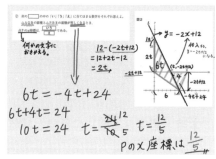

教師は，２時間目のエキスパートグループでのスライド共有の時間を利用して，生徒同士がお互いの類題を解き合うように声をかけます。このように，生徒同士で類題の吟味を行うことで，

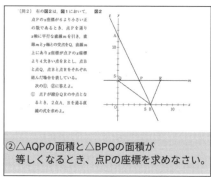

②△AQPの面積と△BPQの面積が
等しくなるとき、点Pの座標を求めなさい。

既習の知識を統合的かつ発展的に考える力が身に付き，数学に限らず日常生活の問題を論理的に解決するための能力も養われます。

③ミニ授業について

　20分間の時間制限があるため，講師役の生徒が「ロイロ」で作成したスライドを使って解き方を簡潔に説明し，作成した類題を解かせます。その後，教わる側からの質問に対応する時間を設けます。また，ホワイトボードやデジタル教科書のアニメーションなど，視覚的な理解を促すためのツールを活用することで，教わる側の生徒が内容を理解しやすくなるようにします。

　講師役の生徒には，全ての指示を出し，教わる側の生徒の理解と丸付けを含めて20分間で完了するように時間を考慮してもらいます。また，教わる側の生徒にも，講師役の生徒の指示のもとで同じグループ内の他の生徒に教える場面を設け，自分の説明と他の人の説明を比較し，表現方法の理解を深めることができます。

▌「自己評価・相互評価」について

　「ロイロ」を使って，相互評価と自己評価を行います。評価内容は，ミニ授業で上手くできたところ，修正が必要なところ，そして改善策の3つです。相互評価と自己評価の評価基準は，課題学習の1時間目に生徒全体で話し合って決定します。この際，教師は学習

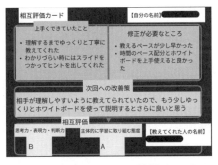

目標を提示し，生徒が意見を出し合って，全体の合意のもとで基準を設定します。これによって，評価が客観的な基準で行われるようになり，評価内容も学習目標に沿った正しい視点の内容となります。

　この活動を通して，生徒は学習目標に向かってどのような取組が必要かを自ら考え，自分たちの学習に対する責任感が高まり，生徒たちは自分たちの学習状況を客観的に把握することができます。

他学年の定期考査の問題の解説動画をつくろう

▌課題

中学1年生，2年生の定期考査の問題を分担して，解説動画をグループごとに作成し，作成した動画を評価し合おう。

この学習課題は4時間を使って行います。事前に生徒は他学年の数学の定期考査の問題を事前に解きます（前章の1「学習時間の確保」の反転学習）。

1時間目では，グループごとに解決できなかった問題点を共有し，グループで解決します。その後，クラスで中学1年生と2年生の定期考査の問題を分担し，各自が動画の台本を含む構成表と解説のポイントをまとめます。

2時間目では，グループごとに動画の撮影を行います。撮影した動画は，グループごとに確認し，修正を繰り返します。

3時間目では，他のグループが作成した動画を視聴し，教師が作成した評価基準に沿って相互評価を行います。相互評価の項目は，「よかったところ」，「改善が必要なところ」，「改善策」の3つです。

4時間目では，相互評価の内容を基にスライドと動画の再撮影を行い，各自が振り返りを行います。完成した動画を提出し，1，2年生が自由に動画を見ることができるようにします。このように3年生が作成した動画を1，2年生が共有することで，生徒目線で苦手とする箇所が的確に把握され，よりわかりやすい解説動画が期待できます。

■ 指導計画／本時の目標と評価規準／本時の実践例

(1)指導計画

時	学習内容	評価
1	他学年の定期考査の問題を解き，解き方を理解して，作成する動画の構成表を作成する。	知
2	グループごとに担当の解説動画を作成する。	思
3	他グループの動画を視聴し，評価する。	思態
4	相互評価の内容を基に，担当の解説動画を再編集し，完成させる。	思

(2)本時（第1～4時）の目標と評価規準

　他学年の定期考査の解説動画を作成し，相互評価を基に，動画を再編集し，振り返りをすることができる。

知識・技能	思考・判断・表現	主体的に学習に取り組む態度
他学年の定期考査の解き方について理解している。また，わかりやすい解説動画づくりのため，構成表をつくることができる。	他学年の定期考査の問題のわかりやすい解説動画をつくることができる。また，相互評価の内容を基に，再編集することができる。	他学年の定期考査の問題のわかりやすい解説動画を進んでつくろうとしている。また，評価基準に沿って適切に評価しようとしている。

(3)本時（第1～4時）の実践例

①構成表について

　「ロイロ」を使って，生徒は解説動画の構成表を作成します。構成表は，解説動画をよりわかりやすくするための，問題解決に必要なポイントや話す内容をまとめた台本です。

　教師は，正しい数学の用語を使いながら，「どのような説明がわかりやすいの

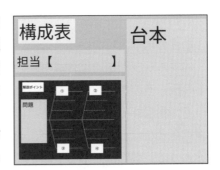

か。今まで，習った内容をどのように関連付けるのか」などに視点を置かせ，動画内容の評価基準を示しながら，生徒が本時の目標を達成できるように構成表を作成させます。そして，構成表の内容を生徒一人一人が確認し，確認ができた生徒から，動画撮影に入ります。また，他学年の定期考査の問題をPDFファイルにし，「ロイロ」の資料箱に入れ，生徒が活用できるようにします。

②動画撮影について

　グループごとに動画の撮影を行います。まずは，各自が作成した構成表をグループで共有し，撮影位置や話す速さなどを細かく確認します。撮影が終わったら，すぐに内容を確認し，必要に応じて再撮影します。その後，「iMovie」で編集を行い，簡単なテロ

ップなどを入れ，よりわかりやすい内容に仕上げます。このように，思考を言語化することで，単に知識を伝えるだけでなく，思考が整理されることで，知識を定着させることができます。さらに，自分の考えを客観的に見ることができ，改善点を見つけやすくなります。完成した動画は生徒に「ロイロ」の提出箱に提出させ，教師は次時で生徒が他グループの動画を見ることができるように設定します。

③動画の再編集について

　他グループが前時に作成した動画をお互いに視聴し，相互評価を行います。その後，その相互評価を基に，動画の再編集を行う時間を設定しました。ここで，相互評価の内容で改善点に注目させます。生徒自身が作成した動画を確認させながら，具体的にどこを，どのように修正すればよいかが振り返れるように，教師は，他のグループの動画を見せながら，よい点を挙げ，それ

に基づいて改善点を考えるように促します。

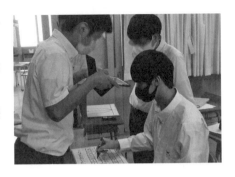

　このような活動を通して，生徒は動画を見る人の視点に立つことができ，再編集の過程で，新しいアイデアを出したり，アレンジしたりすることで，創造性を育成することができます。

▌「自己評価・相互評価」について

⑴相互評価

　「ロイロ」で相互評価を行います。相互評価の項目は，よかった点，改善が必要なところ，改善策の３つです。相互評価することで，自分がつくった動画のよかった点や改善が必要な点を的確に知ることができます。また，他の人の評価も参考にすることで，客観的に見ることができ，自己理解にもつながります。

　さらに，フィードバックを行うことで，受け取る側の気持ちや思考を理解することや，的確なフィードバックを行う技能など，コミュニケーション力の向上につながります。

⑵学習の振り返り

　生徒に今回の課題学習の振り返りを「Teams」を使って行います。自分が作成した動画の自己評価を行い，動画作成を通して，何がわかるようになったか，何が変わったのかを振り返ります。振り返りを通じて，生徒たちは自分自身の学習過程について深く考え，自己成長につながる学習態度を育成することができます。

正負の数トランプゲームを作成し，お互いのオリジナルゲームを行おう

▌課題

> 来年度の1年生の正負の数の教材として，グループごとにトランプを使った正負の数オリジナルゲームを作成し，お互いに評価し合おう。

この課題学習は全5時間で実施されます。1時間目では，グループごとにトランプを使った3つのゲームを体験し，「財産と借金ゲーム」などを含め，教師が用意したゲームを行います。その後，各グル

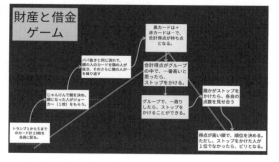

ープはそれぞれのゲームのルールやゲームを行う上で必要な知識，およびゲームを通じて得られる知識をまとめます。

2時間目と3時間目では，各グループはトランプを使ったオリジナルの正負の数ゲームを創作し，ゲームの内容やルールなどをわかりやすくまとめた動画とスライドを作成します。

4時間目では，各グループは他のグループが作成したオリジナルゲームを行い，評価基準に基づいて相互評価を行います。

5時間目では，前回の相互評価を参考にして，各グループは自分たちが作成したオリジナルゲームの内容を再検討し，完成させます。

■ 指導計画／本時の目標と評価規準／本時の実践例

⑴指導計画

時	学習内容	評価
1	正負の数トランプゲームを体験し，ルール等を理解する。	知
2・3	オリジナル正負の数トランプゲームをグループで作成する。	思
4	他グループが作成したオリジナゲームを行い，評価する。	思態
5	相互評価の内容を基に，オリジナルゲームを再検討し，完成させる。	思態

⑵本時（第2～5時）の目標と評価規準

　オリジナルゲームを作成し，他グループが作成したオリジナルゲームを行い，相互評価を行うことができる。

思考・判断・表現	主体的に学習に取り組む態度
トランプを使って，正負の数の知識を使ったトランプゲームを考え，作成することができる。	オリジナルゲームを進んで考え，正負の数について学んだことをトランプゲームのルールに生かそうとしている。

⑶本時（第2～5時）の実践例

①役割分担について

　オリジナルゲームを作成するにあたり，教師が1チーム4人，5人でグループ分けをします。

　また，生徒はチーム内で役割を話し合って決めます。役割はリーダー，

役割	内容
リーダー	・全体をまとめる。 ・数学的な考え方をアドバイスする。
サブリーダー	・特にリーダーのサポートを行う。 ・タイムキーパーやエンジニアのサポートも行う。
タイムキーパー	・PJ活動の時間を管理し，チームの状況を見ながら積極的に声掛けをするエンジニアの作業のサポートを行う。
エンジニア	・PowerPointや動画編集等の枠組みを作ったり，作業に関する中心的役割を担う。 ・チーム全員がタブレットPCの作業を行うため，チームメンバー全員で円滑に作業が進められるようにベースを作る。

サブリーダー，タイムキーパー，エンジニアの4つで，リーダーは全体をまとめ，サブリーダーは他の役割をサポートし，タイムキーパーは時間管理，エンジニアはスライドや動画編集を中心となって行います。

このような役割分担により，生徒はそれぞれが得意とする分野の力を発揮し，自分が担当する仕事に責任をもち，全体の目標達成に向けて貢献することができます。

②トランプゲーム作成について

　新１年生の４月の授業で正負の数をゲーム感覚で楽しく学ぶための教材を作成することを生徒に伝えます。そのため，教師は中学１年生が正負の数で何を学んでいるのかを教科書等を用いて振り返り，理解を深めるよう促します。また，ゲームづくりにつまずいているグループに対して，知っているトランプゲームをあげさせ，実際に行い，そのゲームのルールを確認し，正負の数を取り入れることができるか考えさせます。こうした声かけにより，まずは既存のゲームを模倣して学び，次に様々な設定や条件を変えて創造性を発揮し，最終的には新しいゲームをつくり出すプログラミング思考力を養うことができます。

　生徒たちは，ゲームの内容が決まったら，説明用のコンテンツ（スライドや動画）を作成します。このスライドや動画の内容は，Teams 上にアップロードされ，他のグループが途中段階でも閲覧できるように設定します。途中共

有によって，自分たちの進捗状況を共有し，他のグループからヒントを得ることができます。このような ICT の活用により，グループ内だけでなく他のグループとの共有を促し，より創造的な学びが可能となります。

③他グループのゲームを行い，相互評価と自己評価を行う

　他グループが作成したトランプゲームをまとめたスライドや動画を基にオ

リジナルトランプゲームを行います。教師は他のチームが作成したゲームについて，よい点と改善点について考えさせるために，行ったゲームのポイントは何かを確認させます。そして，グループごとで話し合いながら「PowerPoint」のスライドに評価を行います。作成した評価は共同編集で行い，その場でフィードバックできるようにします。

　その後，相互評価の内容を基に，グループごとに作成したゲームの振り返りを行います。相互評価の内容で出た改善点，改善策についてグループで協議し，ルールの再設定を行います。そして，自己評価として各自で作成したゲームのアピールポイントについて「PowerPoint」のスライドにまとめます。

▌「自己評価・相互評価」について

　「PowerPoint」のスライドを使って，相互評価を行いました。グループごとに評価基準に沿って，このゲームの「よかったところ」，「改善点が必要なところ」，「改善策」について評価します。この相互評価を行う上で，生徒たちには，正負の数のより深い理解を促すために，どのようなルールを工夫すべきかについて考えさせました。

　グループごとで相互評価を行うことで，異なる視点や考え方を知ることができます。これによって，より多角的な視点で問題を考えることができ，より客観的な評価ができるようになります。また，グループ内で意見交換し，他のグループの意見を取り入れることでゲームの問題点を見つけ，改善策を考えることができます。このプロセスは，問題解決能力を養う大切な方法です。この問題解決能力は社会に出ても必要不可欠な力なので，協働学習を通して育成させることが大切だと感じています。

【著者紹介】

岩井　洋平（いわい　ようへい）

1989年3月14日生まれ。東京都荒川区出身。2011年に東京学芸大学を卒業し，足立区立第十中学校，墨田区立桜堤中学校，そして，神田一橋中学校に異動となり，現在に至る。桜堤中学校に在籍時，ICT主任となり，ロイロ認定ティーチャー，Apple Teacherを取得。現在，ICTを活用した学習過程を通して，思考力・判断力・表現力の向上を目指す授業づくりを研究している。

榊　　隼弥（さかき　じゅんや）

1987年6月14日生まれ。鹿児島県鹿児島市出身。2007年に東京学芸大学に入学し，本書の共同執筆者の岩井洋平氏と出会い，4年間をともに過ごす。2011年に東京学芸大学を卒業し，鹿児島県の教員に採用され，大島郡徳之島町立亀津中学校に勤務する。2016年に鹿児島大学教育学部附属中学校に異動し，2022年は研究主任となり，現在に至る。算数・数学の問題発見・解決の過程のイメージ図を基にした授業づくりについて研究している。

中学校数学サポートBOOKS

ICTを活用した
中学校数学の「自己評価・相互評価」活動アイデア

2023年9月初版第1刷刊　©著　者　岩　井　洋　平
　　　　　　　　　　　　　　　　榊　　　隼　弥
　　　　　　　　発行者　藤　原　光　政
　　　　　　　　発行所　明治図書出版株式会社
　　　　　　　　　　　　http://www.meijitosho.co.jp
　　　　　　　　（企画）赤木恭平（校正）高梨　修
　　　　〒114-0023　東京都北区滝野川7-46-1
　　　　振替00160-5-151318　電話03(5907)6701
　　　　　　　　　　ご注文窓口　電話03(5907)6668

＊検印省略　　　　組版所　長野印刷商工株式会社

Printed in Japan　　　　　ISBN978-4-18-388429-9
もれなくクーポンがもらえる！読者アンケートはこちらから